十五年戦争と
軍都・佐伯《さいき》

ある地方都市の軍国化と戦後復興

軸丸 浩

弦書房

〈カバー表写真〉
佐伯海軍航空隊庁舎（佐伯市教育委員会提供）
〈カバー裏地図〉
佐伯海軍航空隊施設の配置図（白ヌキの建物が航空隊庁舎——アジア歴史資料センターC08011079300より）

目次

第二編　軍都佐伯の形成……………………55

第一章　海軍航空隊の誘致運動

第二章　満州事変と佐伯

凡例

（一）新聞資料としては、主に『佐伯新聞』（佐伯市平和祈念館やわらぎ蔵）、『大分新聞』『豊州新報』『大分合同新聞』（以上、大分県立図書館蔵）、『宮崎新聞』（宮崎県立図書館蔵）を利用した。

（二）資料文のかな遣いは現代語に（例えば、ゐる→いる）、また、旧字体を現代の表記（例えば、聯隊→連隊）に、カタカナはひらがなに、資料文は文意を損なわないよう多くを要約して現代文に改めた。

（三）新聞の日付の表記は、『大分新聞』一九三一年九月一八日であれば、（大分一九三一・九・一八）とした。

（四）新聞の略称は次の通りである。『佐伯新聞』→佐伯、『大分新聞』→大分、『豊州新報』→豊州、『宮崎新聞』→宮崎、『大分合同新聞』→合同、『朝日新聞』→朝日、『毎日新聞』→毎日。

（五）資料編の「水銀鉱山」を執筆するにあたり、「出納家文書（水銀鉱山に関する資料）」を使用した。同資料は、佐伯市弥生地区在住の個人が保管していた帝国鉱業開発株式会社佐伯鉱業所に関する一四七点の資料からなり、現在は「佐伯市平和祈念館やわらぎ」が所蔵している。執筆にあたり同資料によるものには、資料所蔵先を記述していない。

（六）アジア歴史資料センター（ＪＡＣＡＲ）公開資料を使用した場合は、本分中に（ＪＡＣＡＲ番号）と記し、「本書全体にかかわる参考文献」中に正式資料名やレファレンス記号等を掲載した。

（七）「佐伯」はかつて「さえき」と読まれていた。一九一六年以降、地名は「さいき」と読まれるようになったが、一九三四年に開隊した佐伯海軍航空隊は「さえき」の読みを使用していた。

はじめに

戦前、大分県佐伯町《さいき》（一九四一年市制施行）は、かつて「軍都」と呼ばれた。本書は、明治・大正期に海軍の軍事演習の根拠地となり、一九三〇年代に海軍航空隊が設置された佐伯町が、連合艦隊および海軍航空隊と共存するなかでその地域がどのように変容したのか、また、戦後解体されたはずの「軍都佐伯」が、なぜ「海軍基地に逆戻り」と新聞で報道されたのか、その一連の歴史を描いたものである。

私は、一九六〇年代を佐伯市で過ごした。毎日、バスに乗って佐伯城山の麓にある佐伯小学校に通った。その途中、古めかしい旧佐伯海軍航空隊庁舎や旧陸上飛行場敷地に立地する興人（現興人ライフサイエンス）、庁舎前の海上でタッチ・アンド・ゴーをくり返す海上自衛隊の水上飛行機を眺めていた。旧佐伯海軍航空隊周辺にある長島山や濃霞《のうか》山の麓にはコンクリートで固められた横穴がたくさんあり、私は、それらがかつての軍事施設であったことを全く知らず、かくれんぼや鬼ごっこをしていたことを覚えている。佐伯市は私にとって特別な思い出が残る街である。

最近では軍事史研究において、「軍隊と地域」、「軍都」などをテーマにした研究が盛んに行われている。ただし、陸軍師団や軍港が置かれた都市を研究の対象にしたものが多く、海軍航空隊など

佐伯市の位置　『佐伯市誌』より（一部加筆）

が置かれた都市をテーマとした研究は数少ない。本書は、国防上重要海域である豊後水道に面する戦前の佐伯町に焦点をあてる。

「軍都」という用語は、地元のマスコミなどによって広められた造語である（『せめぎあう地域と軍隊』）。一九三四年一一月に佐伯海軍航空隊の竣工式が開催された際、同隊副長古川保は祝賀の辞において、佐伯町を「衛戍《えいじゅ》地《ち》」と称している（佐伯一九三四・一一・四）。元来、衛戍とは日本陸軍の軍隊が駐屯すること意味する。軍自らは軍隊や軍事施設が置かれた都市を「軍都」とは呼んでいなかったのである。佐伯町が初めて「軍都」と呼ばれたのは、今から九〇年ほど前、一九三四年九月のことである。一九三四年九月に佐伯海軍航空隊の庁舎が竣工すると、同年九月二三日『豊州新報』に、「決して偶然ではない　軍都としての今日」という見出しが掲載された。これ以降、「軍都佐伯」、

「軍都佐伯町」という用例が一般的となった。

「軍都」の用語が普及した背景には、満州事変直後から生じた戦時気分の高揚が関係していたと思われる。佐伯海軍航空隊は満州事変勃発の年に建設が始まり、そして太平洋戦争の終結とともに解隊された。佐伯海軍航空隊の歴史は十五年戦争と時期を同じくした。一九三一年満州事変の勃発直前に佐伯町への海軍航空隊誘致が正式に決定された。満州事変勃発後の非常時のもとで人々の戦時気分が高揚するなか、同隊施設の建設が始まった。道路や上水道などのインフラ整備が急速に進められ、海軍航空隊庁舎が完成すると、佐伯町は「軍都」と呼ばれるようになった。一九三三年に日本が国際連盟から脱退すると、日本の国際的孤立が叫ばれ、軍による国民統合の動きが加速された。軍は、在郷軍人会などが主催する講演会や新聞・ラジオによる宣伝、行政機関、教育などを利用して多くの人々を戦争に引き込もうとした。結果として、戦争には賛成しているわけではないが、不満を表に出すこともなく、兵士をはじめとして、多くの人々が戦争に引き込まれていったのである。

日中戦争が始まると、佐伯海軍航空隊は外征部隊として、中国制圧のため南京・漢口・重慶への爆撃に出撃した。その後、太平洋戦争下においては佐伯防備隊とともに、豊後水道及びその周辺海域の防御、航行する艦船の護衛などの作戦行動を担った。

本書において、十五年戦争下、海軍航空隊が置かれた佐伯町を中心にして、海軍の軍事演習と地域、軍都の形成、軍隊と地域との関係などについて話を進めていく。

海上防衛の要地

豊後水道およびその周辺海域は、早くから国防上重要海域と認識されていた。一八七四年に元勲山県有朋は、東京湾・近畿・中国・四国・九州・北陸・北海道の各地に将校を派遣し、海防の要地を調査させた（『日本築城史』）。国防を念頭に置いた調査であることは言うまでもない。そして、翌一八七五年、山県は、長崎・鹿児島・下関に加え、豊予海峡が国防の重要海域であり、豊予海峡及び紀淡《きたん》海峡（和歌山県と淡路島の間の海峡）・石巻・箱館に砲台を設置して利器（大砲など）を備えるべきであるという考えを奏上した（JACAR⑴）。山県は大阪湾に通じる瀬戸内海の防御を重要視していた。豊予海峡は佐賀関関崎（大分市）と佐田岬（愛媛県八幡浜市）の間にある海峡で、その周辺沿岸地域に砲台を設け、敵艦船の瀬戸内海への侵入を阻止すべきであると主張したのである。

そして、豊予海峡以南の大分県沿岸と、愛媛県・高知県沿岸に挟まれた海域が豊後水道である。敵艦船が豊予海峡に達するために通過する海域で、豊後水道は、豊予海峡と一体化した国防上の重要海域といってよい。また、豊後水道に面する佐伯湾沿岸は入江の多いリアス海岸を形成し、同湾の水深は深く、大小の船舶が停泊することができた。その上、佐伯湾に浮かぶ大入島が潮の流れを穏やかにした。波が緩やかな佐伯湾には七〇〜八〇隻からなる連合艦隊の艦船が一斉に停泊することが可能で、佐伯湾を根拠地にして軍事演習をすることができた。佐伯湾を擁する佐伯町は、海軍の軍事拠点であった。そして海上防御の要地という性格は戦後においても変わることがなかった。さらに付け加えると、中国大陸に近かったことも佐伯町の重要性を高める要因の一つにあげられよう。

ところで、佐伯市坂ノ浦から弥生地区にかけて水銀鉱石を含む地層が分布しており、太平洋戦争下で、帝国鉱業開発（株）が水銀鉱石である辰砂《しんしゃ》を佐伯水銀鉱山から大規模に採掘し、旧大富鉱業（株）の施設を利用しながら、重要な軍需物資である水銀を生産していた。太平洋戦争期（一九四一〜四五）、佐伯地方は日本有数の水銀生産地であった。弥生をはじめとする地域の山間に残された水銀鉱山の廃坑は戦争遺跡である。佐伯水銀鉱山の歴史を資料編として記述した。

新たな軍事史研究の視点

「軍隊と地域」、「軍都」、「軍港都市」をテーマとする研究は近年始まったばかりであるが、現在では軍事史研究の主要テーマに含まれている。荒川章二『軍隊と地域』は、静岡県を中心とする地域を事例にして、総合的に、様々な視点から軍隊と地域に関する問題を提起した。上山和雄編『帝都と軍隊』は帝都東京を中心に、興味深いテーマを設定して軍隊と地域の問題を探求した。本康宏史『帝都の慰霊空間』は陸軍墓地や招魂社、忠魂碑などを媒介にして都市研究に新たな視点を提示した。『地域のなかの軍隊』シリーズは、全国各地の軍都、軍港都市、軍隊と地域に関する研究を紹介し、坂根嘉弘編『軍港都市史研究』Ⅰをはじめとする軍港都市シリーズは、横須賀・舞鶴・呉・佐世保などの各軍港都市及び要港などを、総合的に考察している。

しかし、その研究対象は、かつて師団や鎮守府が置かれた都市が多い。本康宏史著『軍都の慰霊空間』によると、「軍都」は「当該都市の諸相に師団等の軍隊やその施設の存在が構造的な影響を与えている地方中核都市」としている。連隊や海軍航空隊などの軍隊や軍事施設が所在する軍都の研究は、地方自治体史（誌）などで研究は積み重ねられているものの、まだ手薄であると言える。その意味で、清水亮『「軍都」を生きる』は、茨城県土浦市の霞ヶ浦海軍航空隊を研究対象にしており、現地で住民から聞き取り調査を行い、軍都研究に新たな視点を提起している。

戦前、日本各地には軍隊や軍事施設が設置され、軍都としての性格を持った地方都市が多い。大分県佐伯町（佐伯市）もその一つに数えられる。師団が置かれた軍都や、鎮守府が置かれた軍港都市ばかりでなく、連隊や海軍航空隊などが置かれた地方の軍都についても、その地域の特徴をとらえつつ「軍都」「軍隊と地域」などをテーマとした研究を進めることが必要である。

明治末〜大正期、連合艦隊は佐伯湾を根拠地の一つとして、同湾および豊後水道周辺海域で定期的に軍事演習を実施していた。一九二七年には陸軍豊予《ほうよ》要塞の防御線が南下し、南海部郡鶴見崎《つるみざき》に丹賀《たんが》砲台が設置され、佐伯地方が豊予海峡防衛の拠点の一つとなった。一九三四年に佐伯海軍航空隊が開隊し、佐伯町は軍都としての性格を持つようになり、しかも陸軍と海軍の管轄が交錯する地域となった。また、佐伯海軍航空隊は外征部隊として中国大陸侵攻の最前線に出動し、佐伯防備隊（一九三九年開隊）とともに豊後水道を防御する任務を負っていた。海軍の軍事演習と地域、海軍航空隊と地域という視点は、これまであまり取り上げられていないテーマである。ある程度網羅的に研究の対象を小規模な軍都にまで広げることは、研究の視野を広げるという意味でも意義があると考えている。

軍都と軍港都市

これまでの軍事都市の研究は、陸軍の師団が所在した軍都や、海軍の鎮守府が所在した軍港都市を中心に進められてきた。そこで、両者について簡単に述べておきたい。

一八七一年二月に薩摩藩・長州藩・土佐藩の三藩の約一万の兵により御親兵（後の近衛兵）が組織された。廃藩置県後の一八七一年八月には、東京・大阪・鎮西（熊本）・東北（仙台）に鎮台が置かれ、翌一八七二年二月に兵部省が廃止された後に、陸軍省・海軍省が設置された。

一八七三年一月、陸軍は全国を六軍管に区分し、東京・仙台・名古屋・大阪・広島・熊本に鎮台を置き、一八八八年五月には六鎮台を廃止し、師団制を導入した。師団は、機動性を持つ陸軍の戦略単位で、対外戦争を想定して設置された軍事組織である。師団の平時編制は、旅団二（各旅団は二個連隊から編成）、騎兵大隊、砲兵連隊、工兵大隊、輜重《しちょう》兵大隊各一からなり、第一師団（東京）、第二師団（仙台）、第三師団（名古屋）、第四師団（大阪）、第五師団（広島）、第六師団（熊本）が置かれた。一個師団の標準的な平時編制の兵員は約九〇〇〇人であった。師団の設置は、それが所在する地域の政治・経済に大きな影響を与えた。

一八九一年には近衛師団が編成されて七個師団となり、一八九六年第七師団（旭川）、一八九八年に第八師団（弘前）、第九師団（金沢）、第十師団（姫路）、第十一師団（善通寺）、第十二師団（小倉）の計五個師団が増設され、合計一三個師団となった。日露戦争中、一九〇五年に第十三師団（高田）、第十四師団（宇都宮）、第十五師団（豊橋）、第十六師団（京都）など四個師団増設、日露戦争後の軍備増強により一九〇七年に第十七師団（岡山）、第十八師団（久留米）など二個師団が増設され、明治末までに一九個師団となるなど、軍備の増強が行われた。（『日本陸軍史』）。

戦前、日本で軍港に指定されたのは、横須賀（神奈川県）・舞鶴（京都府）・呉（広島県）・佐世保（長崎県）の四か所であった。各軍港には所轄海軍区の防備や所属艦艇の統率・補給・出動準備、兵員の徴募・訓練、施設の運営・監督などを行う鎮守府が置かれた。軍港には港湾の機能の他に、海軍基地、海軍工廠、弾薬庫、飛行場や兵舎などの軍事施設が整備されていた。鎮守府の設置とともに、軍港周辺地域では都市の近代化、工業の発展、人口増加がみられ、インフラ整備が次々に行われた。軍事拠点と位置づけられ、何れも工業都市として発展している（『地域のなかの軍隊六』）。

「軍都佐伯」は軍都や軍港都市と比較して、部隊の人員数や軍事施設の規模は格段に小さく、都市形成の過程も異なる。これから、佐伯町（市）が、十五年戦争の下でどのように地域と関わりながら軍都としての性格を強め、戦後どのように変貌したかを述べる。

なお、日本海軍には終戦までに、実施航空隊（内地・戦地）、練習航空隊、母艦航空隊など約三〇〇の航空隊が組織された。実施航空隊は作戦行動や戦闘に関与する部隊で、練習航空隊は搭乗員や整備員の教育訓練を目的とした部隊である。

内地の実施航空隊として、横須賀海軍航空隊（神奈川県）、佐世保海軍航空隊（長崎県）、館山《たてやま》海軍航空隊（千葉県）、呉《くれ》海軍航空隊（広島県）、大湊《おおみなと》海軍航空隊（青森県）、佐伯《さえき》海軍航空隊（大分県）、舞鶴《まいづる》海軍航空隊（京都府）、木更津《きさらづ》海軍航空隊（千葉県）、鹿屋《かのや》海軍航空隊（鹿児島県）、横浜海軍航空隊（神奈川県）、鎮海《ちんかい》海軍航空隊（朝鮮）、高雄《たかお》海軍航空隊（台湾）、父島海軍航空隊（東京都）、千歳海軍航空隊（北海道）、美幌《みほろ》海軍航空隊（北海道）、元山《げんざん》海軍航空隊（朝鮮）、東港《とうこう》海軍航空隊（台湾）、台南《たいなん》海軍航空隊（台湾）、三沢海軍航空隊（青森県）、串本《くしもと》海軍航空隊（和歌山県）、豊橋海軍航空隊（愛

知県）、沖縄海軍航空隊（沖縄県）、以上二二航空隊が設置された。なかでも、佐伯海軍航空隊は爆撃機を中心に編成され、当時館山海軍航空隊に次ぐ戦力を保有していたと言われている（『帝国海軍航空隊総覧』）。

また、練習航空隊として、霞ヶ浦海軍航空隊（茨城県）、大村海軍航空隊（長崎県）、鹿島海軍航空隊（茨城県）、大分海軍航空隊（大分県）、宇佐海軍航空隊（大分県）、岩国海軍航空隊（山口県）、博多海軍航空隊（福岡県）、小松島海軍航空隊（徳島県）、名古屋海軍航空隊（愛知県）など、八五航空隊が設置された。

第一編

軍都佐伯への兆し

第一章　日清・日露戦争と豊予要塞の建設

明治期、日本は清国と対立するなかで軍備を増強した。日清戦争前後から海軍による佐伯湾での軍事演習や、軍事施設の設置に関する資料があらわれる。日清戦争前に、海軍は佐伯湾に浮かぶ大入島で軍事演習を行い、日清戦争後には、佐伯湾に水雷艇の石炭庫を建設した。佐伯湾が日清戦争前後から海軍の軍事演習の拠点になっていたのである。さらに、同期に豊予海峡を防御するための要塞建設が計画され、大正・昭和期にかけて佐伯地方沿岸にも要塞が建設された。

長崎事件の衝撃

一八七五年九月に、日本政府は軍艦雲揚を朝鮮半島の江華島沖に派遣した。雲揚が同島近海で測量を始めたために朝鮮側が発砲し、雲揚はそれに応戦して江華島を占拠した（江華島事件）。これは、日本側が朝鮮を挑発して起こした事件である。日本政府は朝鮮側の責任を問い、翌年に日朝修好条規が締結された。同条規には朝鮮を独立国と見なし、日本側に無関税特権を与えるなど日本側に有利な内容が含まれていた。

その後、朝鮮内では権力闘争により一八八二年に壬午軍乱、一八八四年に甲申事変がおき、その背後で、朝鮮の宗主国である清国と、朝鮮への関与を強めたい日本との間で緊張が高まった。

一八八六年八月一日に中国北洋艦隊の主力艦、鎮遠《ちんえん》・定遠《ていえん》・済遠《さいえん》・威遠《いえん》の四艦船が長崎に入港した。目的は、石炭の補充、艦船修理のためであった。定遠・鎮遠はドイツで竣工した巨艦で、両艦とも排水量七〇〇〇t。当時清には、定遠・鎮遠を修理できるドックがなかったため、大型ドックがある長崎に入港したのである。ちなみにこの頃の日本の最新鋭艦はイギリスで新造した扶桑《ふそう》・金剛《こんごう》・比叡《ひえい》で、排水量は何れも三〇〇〇~四〇〇〇tで、艦船の数と総t数では清国には及ばなかった。

まず、一八八六年八月一三日に清国水兵らが日本側の許可なく長崎に上陸して乱暴をはたらいた。八月一五日にも水兵と巡査との間で衝突が起きた。これにより、日清両国から数十名の死傷者が出た。長崎事件である。この事件は、日清間の外交問題にまで発展したが、結局、ドイツやイギリスの仲介により解決した。しかし、その交渉過程で清国側が威嚇的な姿勢を見せたため、日本側はそれを脅威として受け止め、清国に対する強い反感を持つことになったのである（『中国海軍と近代日中関係』）。この長崎事件以降、明治政府は海上防衛の重要地点に砲台を建設した。これが後に、東京湾要塞・対馬要塞・下関要塞・由良《ゆら》要塞などの築城に発展したのである（『日本築城史』）。

大入島（佐伯市）での軍事演習

日清間の外交的緊張が高まるなか、一八九一年三月一九日、海軍は南海部郡大入島において戦闘射撃訓練を実施した。その訓練とは、敵軍が佐伯湾に浮かぶ大入島（佐伯市）を占拠して島の各所に砲台を築いていると仮定し、軍艦扶桑の兵員が大入島を占領するというものであった（ＪＡＣＡＲ⑵）。この訓練は清国との戦争を想定して実施した訓練であったと考えられる。扶桑は一八七五年九月にイギリスで起工し一八七八年に竣工した、当時日本海軍の最新鋭の軍艦であった。日本に回航されたときには明治天皇をはじめ、明治政府の重鎮が勢ぞろいして迎え入れ、天皇、皇后の御召艦としても利用された艦船である（『連合艦隊観戦ガイド』）。

一八九四年六月三〇日には海軍望楼条例が制定され、日清戦争開戦直後（日清戦争開戦は七月二五日）の八月四日に、日本全国一三か所に海軍望楼が置かれることになった。その一つが南海部郡鶴見崎（佐伯市）に設置され、豊後水道海域の見張や艦船通過の報告などを行なった（『大分縣地方史』一八一号）。鶴見半島は豊後水道の南部に面し、そして、同半島の先端は九州最東端に位置している。豊後水道の入口に位置しており、国防の重要地点として認識されていたのである。

水雷艇石炭庫の設置

日清間の軍備の比較から、日清戦争の行方は清国優位と見られていた。しかし、実際は日本優位に戦いが進み、日本の陸海軍が連戦連勝の快進撃を遂げていった（『近代日本の出発』）。一八九四年一二月七日『ノース・チャイナ・ヘラルド』においても、「予想外のできごとが起きるのは世の常だ。

日本がこれまでになしとげた業績は、いかに熱烈な日本びいきといえども予想しなかったほどめざましいもの」と、日本の勝利に驚きを隠さなかった（『外国新聞に見る日本②』）一八九五年四月一七日には、日本側に有利な下関条約が締結された。

1911年海軍大演習のために佐伯湾に碇泊する連合艦隊
佐伯市教育委員会所蔵

日清戦争は、日本が初めて経験した大規模な対外戦争であった。その過程で日本陸海軍の軍備不足が痛感されたため、政府は陸軍の師団増設、海軍の軍備拡張、製鉄所設立、台湾経営などの費用を含む歳出総額二億円という明治二九（一八九六）年度予算案を提出した。その予算額は前年度に比べ二倍に増加していた（『日清・日露戦争』）。

このようななかで、一八九七年一〇月にはすでに佐伯湾の葛港に水雷艇三隻が入港し、当時佐伯に居住していた毛利家一三代当主毛利高《たか》範《のり》は、それを「遊覧」していた（佐伯藩政史料　O12－5）。海軍は佐伯湾岸に水雷艇（水雷を装備した小型艦船）の燃料を保管する石炭庫建設を計画し、これに応じて一八九八年六月には、南海部郡佐伯町他四か村の在住者が中心となり、南海部郡西上浦村小福良にあった田畑一二〇坪を、二五〇円と引き換えに海軍御用地として献納した（JACAR⑶）。この頃までにはすでに、佐伯湾に水雷艇が定期的に入港していたことが分かる。日露戦争後の一九〇七年に、海軍が佐伯湾で駆逐連隊訓練を実施し（JACAR⑷）、一九一一年一〇月には、豊後水道とその周辺海域を中心に海軍大演習が実施された。佐伯湾が海軍の軍事演習の根拠地に位置づけられていたことが分かる。

豊予要塞の建設

一八八六年に起きた長崎事件により、再び日清関係の緊張が高まり、この事件以降、明治政府は、海上防衛の重要地点に砲台を建設し、後にこれが、東京湾要塞・対馬要塞・下関要塞・由良《ゆら》要塞などの築城に進展したことはすでに述べた。陸軍は、日清・日露戦争後に、改めて全国各所要塞の防備施設の検討を行い、一九一〇年に要塞整理案を策定し、一九一二年には瀬戸内海の西口防備のため、豊予要塞の新設を決定した。陸軍は、大阪を中心とする内海の防衛を重視しており、瀬戸内海防備のため紀淡海峡・豊予海峡・下関海峡を閉鎖する作戦をとることにした。豊予要塞設置の目的は、敵艦の豊予海峡航通の阻止にあり、そのために高島・佐田岬・関崎にカノン砲・速射カノン砲・榴弾《りゅうだん》砲を配備することにした。しかし、この要塞整理案は、予算などの関係でしばらく実現されなかった。

ところが、第一次世界大戦中に、情勢が大きく変化した。航空機や潜水艦などの新兵器が登場し大砲の威力も強化されるなど、戦闘の戦術・技術が進歩した。そこで、要塞は防御線の拡大とともに、偽装化や攻撃に耐えるための強化が必要となったのである。陸軍は要塞整理案を改訂し、一九一九年五月に新たな要塞整理要領を策定した。同要領は豊予要塞について、高島は狭小であることから、佐田岬と関崎方面に榴弾砲・カノン砲を重点配備することを定めていた。

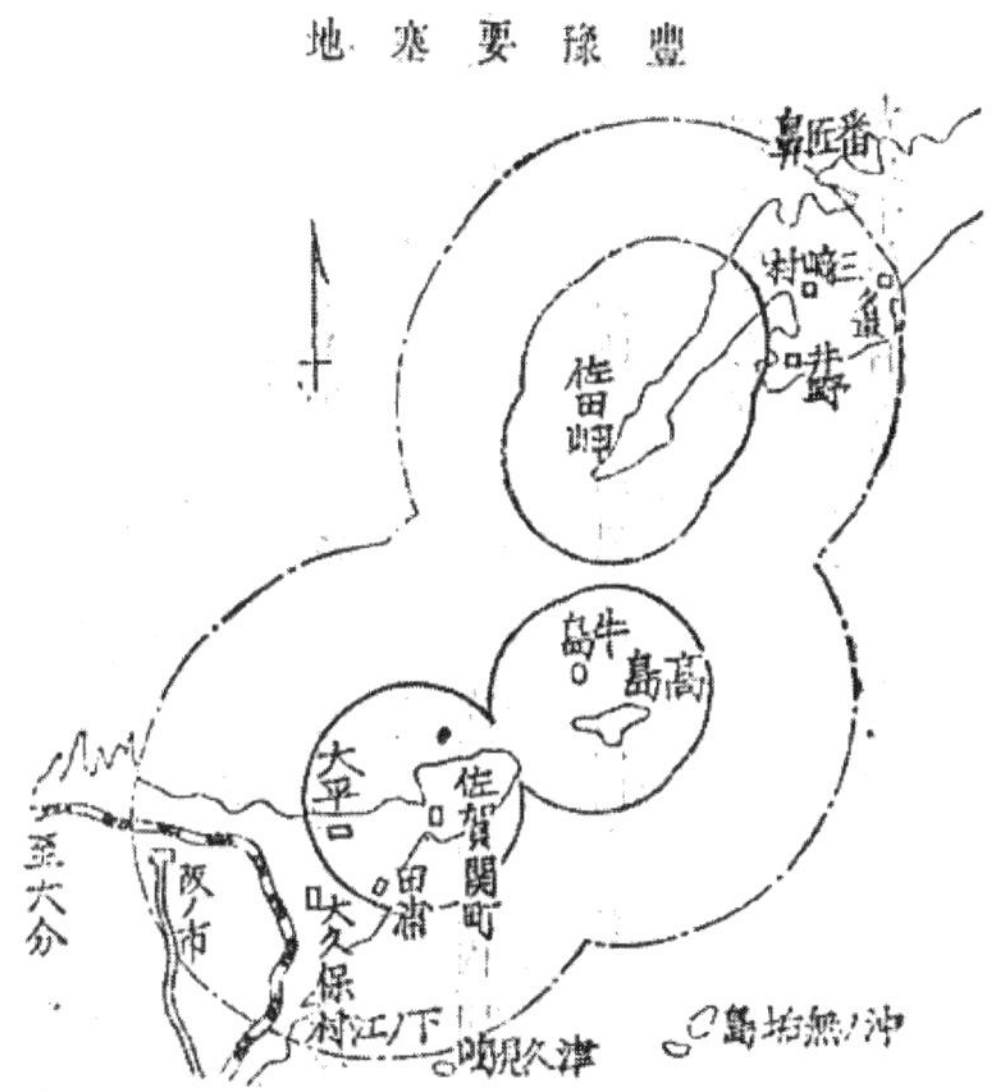

図1　1921年現在の豊予要塞地
大正10年3月11日陸軍省海軍省告示「法令全書」

陸軍は一九二〇年から要塞整理の第一期工事として、豊予要塞の建設を開始することにした。そこで、同年八月一〇日には、広島湾要塞司令部内に陸軍築城部豊予支部の仮事務所を設置し、同年九月一七日には佐賀関に同支部を開設した。そして、一九二一年七月より、豊予要塞築城工事として、高島第二砲台の建築に着手し、豊予要塞全般にわたる工事が実施された。その際、スパイの侵入を防ぐために厳しい身元調査をしたうえで、高島では五〇〇〇人の人夫が動員され突貫工事が進められた（『大分県興亡七五年』）。

要塞が建設されると、その周辺地域には秘密の保持のために要塞地帯法（一八九九年制定）が適用された。図1は一九二一年三月陸軍省・海軍省告示による「豊予要塞地」を示したものである。「豊予要塞地」は、要塞の周辺地域にあたる要塞地帯と、その外周部からなっていた。要塞地帯は「防御造営物の各突出部を連結する線を基線」とし、その基線から一定距離の範囲にある地域をさし、図1中の「豊予要塞地」では実線の内側部分（基線より約四㎞）が該当する。要塞地帯では、水陸の形状の測量・撮影・模写などが禁止され、漁業・採藻などの生業、家屋・倉庫などの建築・増築、地形改作、耕作地の新設・変更なども禁止もしくは制限された。それに加えて要塞地帯法では、要塞地帯の外周部三五〇〇間（約六㎞）以内でも、水陸の形状の測量・撮影・模写などが禁止されていた。「豊予要塞地」でその地域に該当するのは、図1中の実線と破線の間の部分であり、西は坂ノ市、南は下ノ江までを含んでいた。要塞司令部や憲兵は要塞地帯の住民を監視し続けた。学校の子供たちは風景画を描くことができず、漁師は出漁に許可書が必要であった。日豊本線の車窓から写真を撮影して、取調を受けた上で写真を没収される事件もしばしば起きていた。また、一八九九年に軍機保護法が制定されており、軍事上の秘密事項を収集することや、軍港や防衛造営物の測量・模写・撮影なども禁止されていた。

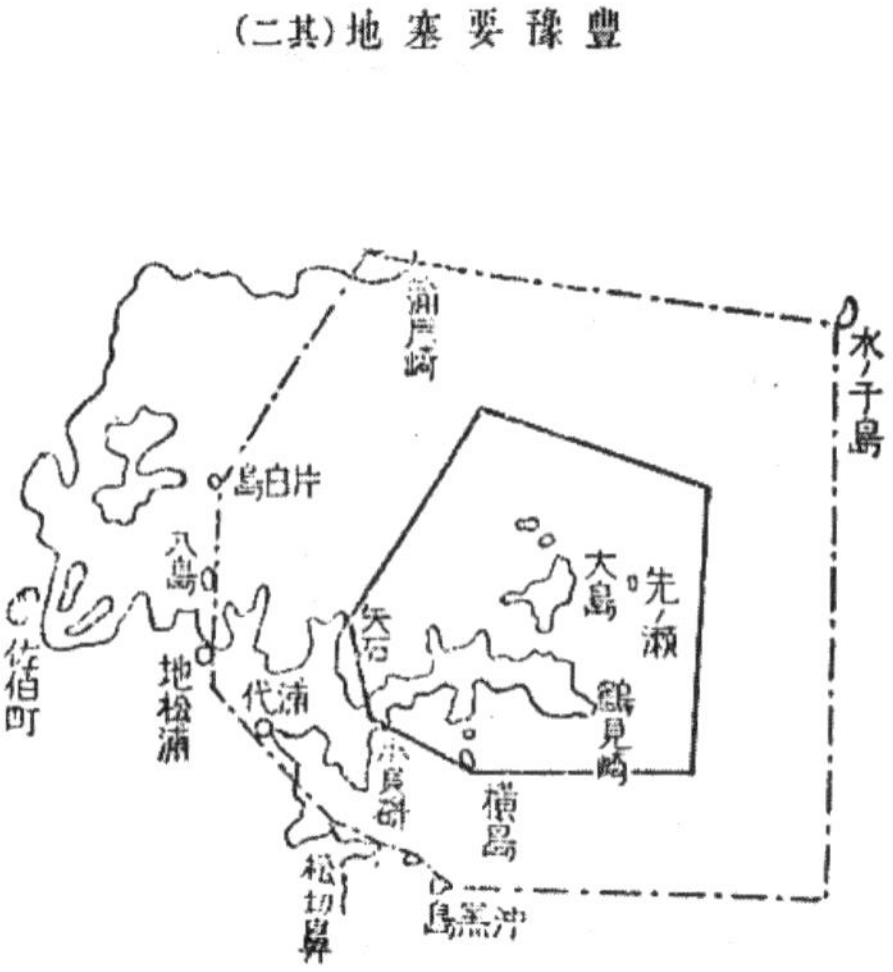

図2　1927年現在の豊予要塞地
昭和2年11月24日陸軍省海軍省告示「法令全書」

鶴見崎（丹賀）砲台の建設

一九二一年から始まったワシントン会議で、四カ国条約・九ヵ国条約・海軍軍縮条約が締結され、その結果、日本の太平洋防備の拡大策は抑制され、澎湖島・奄美大島・父島要塞の築城工事は中止された。一九二三年には陸軍が作成した要塞再整理要領が実行されたことにより、豊予海峡防御の第一線が、鶴見崎・水の子島・日振島を結ぶ線に南下し、佐賀関・高島・佐田岬を結ぶ線は第二線となった。それに対応して、一九二六年八月に、広島湾要塞司令部は閉鎖、豊予要塞司令部が佐賀関古宮に新設されることとなった。司令部は参謀部（作戦）・副官部（一般庶務）・経理部（会計）・砲兵部（備砲）・工兵部（築城）から構成され、平時は将校一二～一三人、下士官二〇余人、そのほか兵、軍属など、合計五五人の部員がいた。そして、新たに要塞地帯が図2のように設けられた。佐伯地方が豊予海峡防衛において重要な位置を占めるようになった。

一九二七年四月に陸軍築城部豊予支部は佐伯に移転し、同年六月には豊予要塞の第一線となった鶴見崎で砲台の建築に着手した。陸軍は、一九二六年一二月にはすでに東中浦村丹賀に鶴見崎砲台敷地として面積五〇九四坪を一〇八二円で購入しており（ＪＡＣＡＲ⑸）、後に砲台・砲具庫・弾丸庫・火薬支庫・監守衛舎・繋船場・通信網などを設置する計画を立て、一九二九年一二月には砲台に巡洋艦伊吹（排水量一万四六〇〇ｔ）の後部砲塔を設置した。その砲身は一四ｍで口径三〇㎝カノン砲二門、最大射程距離は約二七㎞と、遠距離の射撃が可能であった。砲塔は、電気、空気圧縮によって操作し、方向・射角や、その他の軍用操作が終われば、スイッチで発射することができた（『大分県興亡七五年』）。

一九三〇年五月二七日、二八日の両日には、鶴見崎（丹賀）砲台の実弾試験射撃が実施され、砲声は伊予（愛媛県）方面にまで轟き渡り、鶴見崎一帯では振動が伝わり、丹賀郵便局の窓ガラスが破損したという。そして、同六年九月に鶴見崎砲台は竣工することとなった。

第二章　海軍の軍事演習

海軍演習令

海軍はそもそも、どのような軍事演習を行っていたのだろうか、その変遷と内容について簡単に触れておきたい。

まず、海軍の演習は、規模や実施される時期などにより呼び名が異なる。一八八七年に海軍演習概則が制定され、海軍演習は月次演習・小演習・大演習の三種に定められた。一九〇一年に海軍演習規則が制定されると、天皇が大演習を統監する特別大演習の呼び名が登場した。一九一〇年に同規則は改正、さらに一九一二年の改正により、海軍演習は、基本演習・小演習・大演習の三種に改訂された（『海軍制度沿革十四』）。

一九二〇年に制定された海軍演習令によると、演習の目的は海軍軍人を実戦の勤務に習熟させるとともに、状況に応じて指揮官が周到的確に軍隊を運用する能力を錬成することにあった（第一条）。

そして、演習は実戦に近づけ、指揮官はこれに留意し、部下に実戦の観念を持たせることに努め（第二条）、統監の総裁の下で通常実施できない教育を補足・完成し、士気を高めることにあった（第四条）。

基本演習は、艦隊・鎮守府・要港部・独立防備隊などが随時実施する演習であり（第一三条）、小演習は、艦隊・鎮守府・要港部・独立防備隊が毎年一回実施するものを指し、海軍軍令部長が統監となり、演習開始前に指導の概要、結果、その経過を上奏し演習に関する記事を作成し海軍大臣に報告しなければならなかった（第二二条）。大演習は艦隊・鎮守府・要港部・独立防備隊の全部が臨時に行うもので、統監は海軍軍令部長がこれを務め（第二四条）、天皇が統監となるときは、特別大演習と呼んだ。指揮官である統監の下に統監部を置き（第二七条）、統監部には審判官などを置いた（第二八条）。また、演習はこれを実戦に近づけるために、実兵力をもって対抗戦を行うことができ（第四六条）、演習部隊の行動が実戦に遠い状態や、戦闘動作を省略するような状況があれば、審判官は注意を与えることができるとされた（第六一条）。さらに、両軍に分かれて対抗戦を行う場合、銃砲は空砲を発火し、爆弾は擬製品を用いて、魚雷・爆雷は単に発射または投下の手続のみを行うことなどが定められていた（第八九条）（『海軍制度沿革十四』）。以上のように、海軍演習の内容に関しては、細かな規定が定められており、演習をいかに実戦に近づけるかが重要視されていた。

佐伯湾周辺での軍事演習

海軍が佐伯湾に拠点を置き、豊後水道及びその周辺海域において定期的に実弾演習を開始したのは一九一七年頃からである。その事情を、旗艦安藝《あき》に乗り組んだある高級副官が、「今回来航の目的は、佐伯湾附近で艦砲検定と射撃訓練を行う為めです。従来は東京湾で施行して居たのですが、例の戦争（第一次世界大戦）で船腹（船舶）不足の結果燃料の運賃が騰貴して、以前十円内外で買えたものが今日では十六円位になった様な次第で、東京湾から徳山まで練炭取りに往復すると大変な経費が掛かるから、佐伯湾を根拠地としてやる事になった訳です。此処ならば場合に依っては湾内でも射撃が出来ます。徳山山口は海上十余海里で、時々に燃料を積みに行く事にすれば余程都合が好いのであります。」と述べた（佐伯一九一七・六・二）。

海軍による佐伯湾での気球訓練（左上）　佐伯市教育委員会所蔵

豊後水道は広島県の軍港呉に近く、また海軍第三燃料廠がある山口県徳山（周南市）にも近く、実戦演習が可能な国防上重要な海域であった。『佐伯新聞』によると、一九一七年頃から第一・第二艦隊が佐伯湾に入港し、毎年のように佐伯湾を根拠地にして、一年間に二～三回、佐伯湾や豊後水道及びその周辺海域で軍事演習（戦技訓練）を実施していた。

一九一七年には大入島白浜沖に水上機母艦若宮が碇泊し、白浜海岸に臨時の格納庫を建設して、すでに水上機の飛行演習も実施していた。一九二四年には廃艦肥前を撃沈する射撃訓練（佐伯一九二四・七・二七）、豊後水道で海軍大演習の予備演習を実施した。一九二七年に水ノ子島南方で海軍特別大演習の基本演習を行い、一九三〇年には海軍特別大演習に際して、佐伯湾が艦隊の廻航地となった（佐伯一九三〇・一〇・二二）。次第に佐伯湾及び豊後水道周辺海域における海軍の軍事演習の回数が増え、その内容も高度になった。

佐伯港の「軍港化」構想

大正期には、毎年佐伯湾に連合艦隊が入港するようになった。しかし、佐伯町には艦隊に供給できる物資が少なく、将兵が半舷上陸した際も、労をねぎらう施設なども少なかった。半舷上陸とは、艦船が碇泊した時、乗組員の半数を交代で上陸させることである。そこで、佐伯町としてはこれを遺憾に思い、海軍に充分に対応できる体制作りに着手した。一九一八年九月に、南海部郡会議長黒川関平、佐伯町長小田部隣《おたべとなる》などが、軍港都市である佐世保（長崎県）と呉（広島県）を視察し、その頃から、小田部は、佐伯町発展のために、佐伯湾を「軍港化」することを考えていたようである。「軍港化」とは、佐伯港が軍港に指定され、佐伯町が呉や佐世保のような工業都市として発展することを意図したものである。海軍の兵員を抱える軍事施設が設置され、工廠では多くの工員が働き、佐伯町が工業都市になることを夢みていたのである。小田部隣は、一九一八年、矢野龍渓に対し佐伯の「軍港化」に関して意見を求めていた。龍渓に対して佐伯港の「軍港化」構想への協力を期待していたものと思われる。

それに対して矢野龍渓は、一九一九年一月に、小田部に「軍港化」を断念するように諭す書簡を送っている（「矢野龍渓書簡」）。龍渓は、第一次世界大戦後の平和ムードのなかで国際連盟が成立し、軍縮に向かうことを期待していたため、佐伯湾の軍港化に賛成できなかったのである。むしろ、龍渓は佐伯地方の主産業である水産業などをもとに新たな事業を興し佐伯が発展することを願っていた。小田部にとっては期待外れで、残念な返答だっただろう。

連合艦隊の壮観さ

『佐伯新聞』によると、一九二〇年には、佐伯湾が伊勢湾に代わりうる海軍の軍事演習の根拠地として認知されていたという（佐伯一九二〇・六・一三）。艦隊の佐伯湾への入港と軍事演習の繰返しが、海軍の軍事演習の根拠地という認識を生んでいたのである。ここで『佐伯新聞』より、一九三〇年（日露戦争二五周年）に佐伯湾で実施された連合艦隊の演習や艦隊将兵の行動を見ることにしよう。

例年、佐伯湾では海軍の艦隊が二～三月に第一期、七～八月に第二期の軍事演習を実施していた。第一艦隊は一九三〇年二月五日に佐伯湾に入港し、二月一七日宇和島へ出港し、二三日佐伯港に廻航した。この間第一艦隊の将兵は、二月一一日の建国祭に各艦対抗の短艇競漕（カッターレース）、二月一三、一四日の両日は第一戦隊の喇叭《らっぱ》隊が佐伯町内で上陸行軍を行い、戦艦陸奥の軍楽隊が佐伯小学校庭において演奏するなどの訓練を行った。二月一五日、一六日には艦隊将兵の半舷上陸が許可される予定であった。第一艦隊の将兵は約一万二〇〇〇人。一九三〇年現在の佐伯町の人口は一万一九四三人で、佐伯町の約半数にあたる艦隊の将兵が町内に溢れ、商店などがにぎわう様子が目に浮かぶ。二月二三日に第二艦隊が佐伯湾に入港し、そして二月二五日から第一・第二艦隊の連合艦隊による軍事演習が予定されていた（佐伯一九三〇・二・二三）。

第二艦隊はこの演習の間、三月一日に佐伯中学校庭において、陸戦隊の将兵九二五人の観兵式を行った。第二艦隊司令長官が将兵を閲兵した。軍楽隊が分列行進曲を吹奏し、軍楽旗を先頭に陸戦隊による分列式（隊形をととのえた各部隊が行進して、受礼者の前に来たとき敬礼する礼式）、第二艦隊所属航空隊の航空機八機による編隊飛行、空中分列式などが行われた。大々的なデモンストレーションである。集まった参観者は二万人とされ、佐伯中学校の校庭は「前例なき大群衆」に囲まれたという（佐伯一九三〇・三・二）。演習終了後、第一艦隊は三月二〇日鹿児島県錦江湾に向けて、第二艦隊は三月三〇日高知県宿毛へ向けて、それぞれ佐伯湾を出港した。

演習期間中、佐伯湾に碇泊していたのは、陸奥（排水量三万九〇〇〇t、全長二二五m）をはじめ全長二〇〇m以上の戦艦や空母四隻、全長約二〇〇mの重巡洋艦七隻、全長約一六〇mの軽巡洋艦や空母など六隻、全長約一二〇mの駆逐艦一一隻、全長八〇～一〇〇mの駆逐艦一九隻、全長約一五〇mの特務艇二隻、潜水艦一二隻、合計六一隻であった。『佐伯新聞』はその様子を「偉観」と表現しているが、佐伯湾に数十隻の艦船が一同に集合している景色の壮観さは、それを見た人々に驚きと感動をあたえたに違いない。

演習中の事件・事故

海軍は海軍演習令に従って軍事演習を行っていた。その演習内容を実戦に近づけるよう、佐伯湾を根拠地にして演習を行っている間に様々な事件や事故が起きていたのである。

大事には至らなかったが、一九二一年七月一三日に、佐伯湾に碇泊していた軍艦霧島で機関室が出火元と思われる火災が起きた。一九二三年七月一一日に駆逐艦の藤と蓬、一九二五年七月一八日に駆逐艦の蔦と藤、一九二九年七月一〇日に、駆逐艦の叢雲と望月が佐伯湾で衝突事故を起こしていた。艦船同士の衝突や接触事故は頻繁に起きていたことが分かる。演習中の過失による兵員の死亡や逃亡、自殺などの事件・事故も起きていた。航空機に関しては、一九二九年六月一二日の飛行訓練中に、空母鳳翔搭載の攻撃機が墜落し搭乗員が殉死した（佐伯一九二九・六・一六）。

一九二五年七月には、佐伯湾で魚雷二個が所在不明となる事件も起きていた。魚雷が所在不明になる事件は他の演習地でもしばしば起きており、その捜索を警察に依頼していたのである。この時、海軍は所在不明の一二七八号と一〇五七号の二個の魚雷捜査を、懸賞金を掛けて佐伯警察署に依頼した。海軍は、広告の日から一か月以内は一〇〇円（現在の約三〇万円）、二か月以内七五円、三か月以内五〇円という高価な懸賞を掛けた。その結果、魚雷が探し出されたか否かは不明である（佐伯一九二五・八・一六）。物騒な話である。

軍事演習中には、民間人を巻き込む事故も起きていた。一九二〇年七月二一日午前二時頃、戦艦日向が伊予灘での夜間戦闘発射標的隊としての任務を終え、豊後水道を南下中に、水ノ子灯台の北一五㎞の海上で、帆船寿宝丸一三四ｔと衝突し寿宝丸は沈没した。戦艦日向は直ちに寿宝丸乗組員の救助作業を行った。寿宝丸の乗組員六名のうち四名を救助したのみで、残りの二名は行方不明のまま捜索を打ち切った。海軍は直ちに事故の原因調査を行った。その事故調査報告書は主な原因として、寿宝丸が点灯していた船尾灯の光力が弱かったこと、戦艦日向が寿宝丸の帆影を認めた際に、直ちに衝突回避行動をとらなかったことなどをあげている。そして、海上衝突予防法に基づき、責任は寿宝丸と軍艦日向の双方にあると結論づけている。その後の賠償の有無については記載されていない（JACAR(6)）。

軍事演習の弾丸の費用は？

海軍の軍事演習にかかる費用はどれくらいだったのだろうか。『佐伯新聞』（一九二〇・八・一五）はある将校からの話として、毎年佐伯湾に入港する第一・第二艦隊の両艦隊が、艦砲射撃演習に使用する弾丸の個数や費用を伝えている。それによると、戦艦の伊勢・日向の三六cm主砲から各六〇発、一四cm副砲から各一〇〇発、同じく戦艦の榛名・比叡の三六cm主砲から各四〇発、一五cm副砲から各八〇発が発射される。また、戦艦の扶桑・薩摩・安藝・香取からは、三〇cm砲計八〇発、二〇cm砲計九〇発、一五cm砲計一〇〇発、総合計八三〇発を発射する。そのうち、三六cm砲は一発の価格は一八〇〇円（約五〇〇万円）、一四cm砲二〇〇発だけでも三六万円（約一一億円）の費用を必要とする。さらに、一回の演習で戦艦八隻が消費する実弾と火薬の費用が六〇万円で、巡洋艦以下の費用を合わせると約七二万円（約二二億円）。ただし、これは戦闘射撃だけの費用であり、軍事演習には教練射撃・夜間射撃・研究射撃などがあるから、佐伯湾に来航して一夏に使用する弾丸の費用は二〇〇万円（約六〇億円）以上であるという。

今のところよるべき資料がなく、その費用が正確な数値であるか確認することはできない。ただし、現在でも政府は防衛費を公表するが、実弾演習などに費やした費用をあまり明らかにしない。

ちなみに、二〇二一年五月に東富士演習場で実施された「富士総合火力演習」において、二週間で使用された弾薬の費用は約七七億円であったという（朝日二〇二一・五・二二）。いずれにしても、今も昔も、演習に使用された費用は莫大な額であったことには間違いない。

漁業の制限

海軍は軍事演習を行う場合に船舶の海上航行、漁業者の安全などに配慮しなければならなかった。一九二〇年三月一日に、呉鎮守府参謀長は所属艦船部隊長に対して、「水中爆発実験に関する件」を発している。そのなかで、演習の施行がなるべく漁民などの民間産業の妨害にならないこと、特に水中爆破実験などはなるべく漁場から離れた場所を選んで施行することを指示していた（JACAR(7)）。

また、海軍が軍事演習を行う場合は、その海域周辺の各県に、あらかじめ演習日時と演習内容を通達していた。一九一七年六月八日、大分県は『大分県報』の号外で、「第一艦隊司令部から同艦隊各艦が、一九一七年六月上旬〜九月下旬にかけて随時、豊後水道南部海面で実弾射撃訓練を実施する」通知があったことを県民に告示し、豊後水道での軍事演習に注意するよう通知していた。『佐伯新聞』（一九一七・九・二）は、一九一七年八月二七日〜同年九月九日に、第二艦隊の各艦が行う昼間艦砲射撃の射撃区域が、「東中浦村鶴見崎と伊予国鼻面岬を連絡する一線以南」と、具体的な海域を報じていた。県はあらかじめ関係各市町村および漁業者などに対して、詳細な軍事演習海域を伝えていたと思われ、事実上の漁業制限が実施されていた。漁民の生業よりも、国防を理由にした軍事演習の実施の方が優先されていたことは言うまでもない。

半舷上陸

連合艦隊が佐伯湾に碇泊していた際に、しばしば艦隊乗組員の半舷上陸が実施された。半舷上陸とは艦船が碇泊した時、乗組員の半数を交代で上陸させることを指す。

一九二一年五月には連合艦隊の艦船が佐伯湾を根拠地にして軍事演習を実施していた。艦隊将兵の半舷上陸は同年の海軍記念日（五月二七日）に行われた。町としても経済的要因から半舷上陸を希望しており、あらかじめ連合艦隊から半舷上陸実施の情報を入手し準備をしていた。半舷上陸の前日五月二六日には艦隊の各艦に草花を贈り、佐伯町内では艦隊将兵を歓迎して、町内全戸で国旗を掲げ、商店は紅灯籠をつるして煙火《はなび》を打ち上げて歓迎ムードを盛り上げた。町内五軒の銭湯を開放、図書館や郡役所には休憩所を設け、佐伯小学校では学芸講演会や相撲を披露した。佐伯小学校の運動場では連合艦隊将兵と佐伯中学校生徒、第二十五駆逐隊将兵と佐伯青年団の野球の試合も実施され、艦隊将兵と佐伯町民はともにこれを応援した。

また、艦隊将兵による佐伯町での消費は商人たちに経済的利益をもたらしていた。佐伯町は連合艦隊側の町に対する好感度を高めようと努めた。商人は経済的な面から連合艦隊側に期待するところが大きく、艦隊側も佐伯町の要望を入れ、演習に支障がなければ半舷上陸を許可し、佐伯町の経済を利するように配慮をしていたのである（佐伯一九二一・五・二九）。ただし半舷上陸は、佐伯町に利益をもたらしたが、一時的なものに過ぎず、必ずしも佐伯町の商工業の発展につながるものではなかった。

料亭なるみ本店　屋上庭園（昭和初期）『絵はがきの別府』より

海軍は別府で休養

半舷上陸が行われたとしても、佐伯町には多数の連合艦隊の将兵を十分にもてなす術《すべ》がなかった。これも、佐伯が軍事演習の根拠地、連合艦隊への補給基地以上の役割を果たしていなかったことを示している。一九二一年五月二七日に実施された半舷上陸により、佐伯町に一万人以上の艦隊将兵が上陸した。一九二一年佐伯町の人口は一万一三五人。佐伯町内の料理屋四二軒、飲食店二四八軒、芸妓七九人、酌婦七人であった（『大分県統計書』）。常設の活動写真館（映画館）はまだ開業していなかった（一九二三年に佐伯館が開業）。佐伯町には艦隊将兵に対し、満足のいく休養を提供する体制が整っていなかったのである。

そこで、連合艦隊は、大正期、佐伯湾での演習の前後に休養をとるため別府に寄港していた。一九二〇年における別府町（一九二〇年市制施行）の人口は、佐伯町の約二・五倍に当たる二万六三二一人。多くの温泉施設、別府町内の料理屋六二軒、飲食店二二二軒、貸座敷五三軒、芸妓一七四人、娼妓三六四人、酌婦二六人、活動写真館三軒があり（『大分県統計書』）、艦隊将兵に休養の場を提供していた。一九二九年の鉱泉浴場営業軒数は、別府九三軒、佐伯二軒であった。別府楠木町には、高岸源太郎が一九一五年に創業した料亭なるみが営業していた。料亭なるみは連合艦隊の将校に愛好されていた。別府には多いときには芸妓が二四〇人おり、検番はなるみと流川通りとの間にあり、その周辺には約三〇軒の芸妓置屋が軒を連ねていたという（『別府史談』八号）。佐伯町にとって、毎年佐伯湾に入港して上陸する海軍将兵をいかにもてなすかが大きな課題の一つであった。

表1　佐伯郵便局の郵便・為替等取扱件数

種目		佐伯地方（注1）	艦隊（注2）
普通郵便	受入	102,152	295,952
	配達	121,764	250,526
書留	受入		518
	配達		1,544
小包	受入		85
	配達		1,131
為替	受入		2,619
	配達		1,577
合計		223,916	553,952

（注1）大正12年6月1日～30日の30日間の件数
（注2）大正12年6月29日～7月12日の14日間の件数
『佐伯新聞』1923年7月15日より

郵便局の新設

佐伯湾に入港した連合艦隊の将兵は、家族への連絡や給与の送金などをするため郵便を利用していた。軍にとって郵便局はなくてはならないインフラであった。

佐伯郵便局が一日で取り扱う郵便物の数が普段は三〇〇〇～四〇〇〇件であったものが、第一艦隊の安藝をはじめとする四隻が佐伯湾に入港したとたんに、七〇〇〇～八〇〇〇件に倍増した。その件数は佐伯郵便局の取扱の限度を超えていたと言ってもよい。そのため、佐伯郵便局を三等郵便局から二等郵便局に昇格させ、取扱業務の円滑化を求める声が上がっていた。

表1は一九二三年に佐伯郵便局が取り扱っていた普通郵便・書留・小包・為替の受配件数を、佐伯地方と艦隊関係に分けて示したものである。ただし、佐伯地方分は六月一日〜三〇日の三〇日間の件数で、艦隊分は同年六月二九日〜七月一二日の一四日間の件数である。佐伯地方の取扱件数の合計は二二万三九一六件で、艦隊関係は五五万三九五二件であった。日数が半分であるにも関わらず、艦隊関係の取扱の合計は佐伯地方の二・五倍で、艦隊関係の取扱件数が非常に多かったことが分かる。

佐伯郵便局は海軍連合艦隊の将兵などへの便宜をはかり、一九一七年六月には葛港に佐伯郵便局臨時出張所を設置し（佐伯一九一七・七・一五）、一九二一年五月二一日には、佐伯葛局が開局した。同局は一九三四年八月一六日に佐伯駅前に移転して佐伯駅前局と改称し、現在に至っている（『大分県内の郵便局』）。また、一九二三年三月二六日に佐伯郵便局は、三等郵便局から二等郵便局へと昇格し、郵便局員も二九人から七一人へと局員数は約二・五倍に増加した。このように連合艦隊の佐伯湾入港により、佐伯地方の郵便局の新設、集配機能の強化などが図られた。

第三章　海軍のデモンストレーション

軍隊にとって、軍が国民から敬意を受ける存在になること、また、軍が国民にとって身近な存在であることを宣伝することは重要なことであった。軍の意志のみで軍事力を増強することは不可能である。戦争に必要な兵員を動員することや銃後の備え、そして戦争継続のためには国民による国家や軍への支持が絶対不可欠であった。大正期になると、海軍軍縮などの政治的背景の下で、海軍は軍事力の維持・増強を図るため、海軍軍楽隊の演奏、短艇競漕、軍艦の便乗、講演会などの手段で、積極的に宣伝活動を行うようになった。

海軍軍楽隊の演奏

一九二一年五月中旬までには、鈴木貫太郎が率いる第二艦隊は、佐伯湾を拠点にして豊後水道及びその周辺海域において軍事演習を行っていた。鈴木貫太郎はのちに海軍大将、海軍軍令部長をへて、枢密院議長、侍従長を務めた。そして一九四五年四月七日には首相の大命を受け、同年八月一四日にポツダム宣言を受諾した際に内閣総理大臣を務めていた人物でもある。

一九二一年五月一九日の午前中に、佐伯湾碇泊中の第二艦隊の軍楽隊楽長以下二一名および各艦信号兵のラッパ隊七三名など総員約一七〇名が、葛港の波止場に上陸した。そして軍楽と行進ラッパとともに佐伯町中村より本町通りを経て、一〇時に佐伯城跡三の丸に到着して解散し、午後二時までの自由散歩が許可された。しかし、軍楽隊は一〇時二〇分から佐伯小学校庭で同校児童や幼稚園児のために、山口軍楽兵曹長の指揮で軍艦行進曲、連合軍艦隊出動曲、日本曲メドレーなどを演奏した。その曲の合間には「もしもし亀よ」と「桃から生れた桃太郎」が演奏され、児童たちは浮かれて皆で合唱した。最後に国歌を演奏し、周囲にいた人々も合唱したという。軍楽隊は午後二時に三の丸に集合し、隊列を整えて校旗を捧げた佐伯小学校高等科児童の集団を先頭に、町内の目抜き通りを縦横に行軍して帰艦した（佐伯一九二一・五・二二）。この軍楽隊と信号兵による行動は、連合艦隊の佐伯湾入港を機に行われたものであった。海軍軍楽隊の演奏と信号兵のラッパ吹奏をともなう葛港から佐伯町中心市街までの行進、また、佐伯小学校庭での同隊による演奏。その後、佐伯小学校高等科の児童を先頭とする行進。佐伯町は海軍の軍事演習の根拠地となり海軍と共存する町であった。

また、同年五月二三日に県立佐伯中学校（現大分県立鶴城高等学校）の開校一〇周年記念式が、同校講堂において来賓約二〇〇名が参列して盛大に挙行された。式のなかで、第二艦隊司令長官鈴木貫太郎は来賓として祝辞を述べた。そして、鈴木貫太郎の音頭で万歳を三唱。午後から、鈴木貫太郎の「好意」で派遣された軍楽隊が「君が代」を奏楽した後に、陸上競技会が開始された。「軍艦マーチ」や「ダニウブ河の漣《さざなみ》」や「ダブリン湾の出征」など、様々な楽曲が間断なく奏楽されるなかで競技が進められた（佐伯一九二二・五・二九）。海軍の意志のみで、鈴木貫太郎が佐伯中学校開校十周年記念式に出席したとは思われず、海軍、県、佐伯中学校三者が協議して実現したものだろう。特に、町と佐伯中学校からの強い要請があったのではなかろうか。

なお、陸軍と海軍ともに軍楽隊を有しており、各軍楽隊は天皇の御前演奏、日常の儀礼・儀式、出征兵士の激励演奏、士気高揚、慰問演奏、現地住民に対する宣撫《せんぶ》（人の心を安定させる）演奏などを行った。そればかりでなく、日本洋楽界の発展にも大きな影響を与えていたのである（『海軍軍楽隊』）。

短艇競漕（カッターレース）

一九二二年五月二九日に短艇競漕（カッターレース）が実施された。同年度の連合艦隊短艇競漕大会が行われることは、事前に佐伯町内に知らされており、佐伯港には多くの観衆が集まっていた。実施委員長以下七〇人の委員が旗艦長門の甲板で朝から準備を行い、各艦では汽艇・短艇・伝馬船に応援隊が乗り込んでコースの両側に列を作り、兵員たちはラッパや鈴を鳴らし、石油缶を叩いて声援を送っていた。午前九時に各艦の短艇（カッター）が勢揃いして競技が始まった。競漕は一五〇〇ｍのコースを往復するものであったが、結果は空母扶桑の短艇が優勝した。優勝した短艇の艇長には佐伯町内の船頭町下横丁組が寄贈した賞旗が授与された。旗艦長門の甲板は佐伯町会議員をはじめ町内有志、小学校教員および新聞記者など一〇〇人以上の見学者で混雑し、当日各艦の「参観者」の総数は約一万人であったという。葛港の防波堤には小舟を待つ人が朝から人垣を作っていた（佐伯一九二一・六・五）。新聞記事の内容から、この短艇競漕は海軍記念日の恒例行事であることが推測される。佐伯湾に碇泊する各艦対抗で行われる短艇競漕は訓練の一環であるが、見る人々を引きつけ、海軍の理解に役立ったと考えられる。また、旗艦長門には町会議員・町内有志・小学校教員・新聞記者などの町内のリーダーと目される人々が乗船していた。人々の海軍への関心を高めるためには有効な手段だった。

軍艦への便乗

佐伯町の在郷軍人分会や各学校は、「海事思想」を養成するために、一般町民や児童生徒の軍艦への便乗を艦隊の司令長官に要請していた。要請の回数は複数回に及んでいたが、一九二一年にようやく許可された。

ただし、連合艦隊側から便乗の要項が示された。便乗を許可される者は、佐伯町の在郷軍人会員、佐伯町青年団員、官公吏、学校職員、名誉職員、新聞記者、佐伯町組合銀行員、各区内議員、各区消防役員、佐伯実業会員、婦人会員、愛国婦人会員、医師会員などであった（佐伯一九二一・六・五）。

当初、佐伯町民は戦艦金剛・霧島にそれぞれ六五〇人が乗船することが予定されていた。後に、佐伯中学校・佐伯高等女学校の生徒、佐伯小学校上級児童も許可されたため、巡洋艦木曽・多摩・球磨にそれぞれ一五〇名が乗船することになった。七月二六日には、臼杵中学校（現大分県立臼杵高

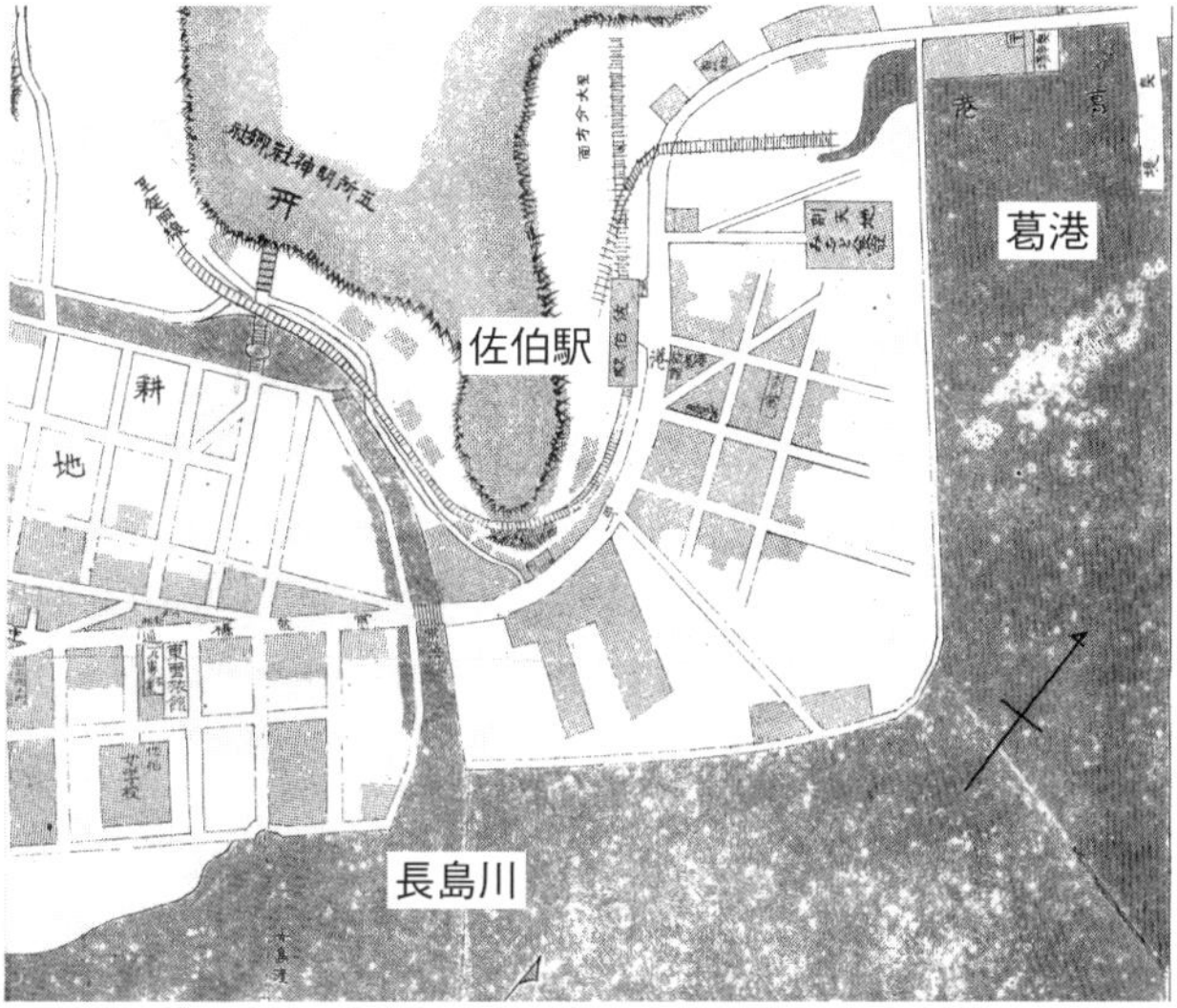

図3　1924年頃の佐伯港
「大分県佐伯稟内略図ト実業界ノ精鋭大正13年7月18日印刷」
佐伯市平和記念館やわらぎ所蔵

等学校）の生徒も金剛に便乗していた（ＪＡＣＡＲ(8)）。

『佐伯新聞』（一九二一・七・一七）は、当日は「土佐宿毛沖なる沖の嶋附近では飛行機も参加して連合演習を行い、引続いて第一・二両艦隊の対抗演習をもやる事になっているそうだから、確に壮観を呈すべく海事思想・軍事智識を養う点から言っても又とない好機会と謂うべきである」としている。

『佐伯新聞』（一九二一・七・二四）に掲載された「連合艦隊演習見学（上）軍艦金剛便乗記」は、七月二二日の佐伯町や軍艦便乗の様子を次のように報じている。

佐伯城跡三の丸から午前三時に二発の煙火《はなび》が打ち上げられ、多くの人々が葛港に向かった。葛港では第二艦隊の水雷艇・小型船・短艇（ランチ）が便乗者を各艦船に次々と運び、六時半までには佐伯町民や町内各学校生徒、約一八〇〇人全員の乗船が完了した。そして、船鐘が午前七時半を知らせると艦船が動き始めた。「合戦準備」の号令に士官・兵員ともに忙しく動き始めた。「皇国の興廃此の一戦に在り各員奮励努力せよ」の信号を送るZ旗が、旗艦長門のマストに高く掲げられ戦闘が始まった。空砲の大音響は鳴り続け、敵に見立てられた飛行機も飛来した。ラッパの合図で第一回の演習は終結、その後再び第一、第二艦隊の対抗演習が開始されたという。

軍艦に便乗した人々は、この演習の様子を自らの眼で確かめ、そのすさまじさを実感したであろう。艦隊側は乗船者に「海事思想・軍事智識」を伝え、海軍に対する理解を深めるまたとない機会になったと考えていた。

第四章　海軍思想普及講演会

学校での海軍思想講演会

海軍思想普及講演会のポイントは、誰（講演者）が誰（聴衆）に対して何を語ったのか、そして聴衆の反応、聴衆の講演に対する期待などである。

一九二七年の海軍記念日（五月二七日）に、大分県内の多くの学校では講演会・講話および競技会・小運動会・遠足などの行事が実施された。講話に関しては、各学校の校長や教諭が行うものが多く、大分中学校（現大分県立上野丘高等学校）では配属将校、臼杵中学校（現大分県立臼杵高等学校）では海軍予備将校による講演会が行われた。一九二五年から中等学校以上の各学校には陸軍現役将校が配属され、生徒に対する軍事教練などが実施されていた。

講演会の内容は、海軍記念日の行事であるから日本海海戦を讃えるものが多かった。大分市立荷揚町小学校・同春日町小学校・大分県女子師範学校附属小学校の四年生以上の児童には、子ども会主催の海軍中佐による講話が行われた。佐伯中学校では校長訓話と武道大会、佐伯高等女学校では校長訓話とバレーボール・庭球の試合などが実施された。

一九二九年には大分県会議事堂において、佐世保海軍人事部の機関少佐が大分市内の中等学校生を対象に、午前・午後の二回に分けて、約二時間にわたり「国家の興亡と海軍」「列国海軍の現状」「吾等の覚悟」などの講演を行った。一九三一年には、大分連隊区司令部と大分市が主催して、大分県公会堂で佐世保鎮守府の青柳中佐による講演会を開催した。午前中は大分市内の小学校児童と一般市民が聴講し、午後は中等学校生徒が聴講している。このように昭和期に入ると、将校が講演官を務め、聴衆は諸学校の生徒児童ばかりでなく一般市民へと広がりをみせていたのである。

なお、海軍記念日の講演は、一九一〇年に、文部省が海軍に要請して通俗教育として始まった。海軍ではなく文部省からの要請であったことに注意しなければならない。文部省は、中等学校以上の陸軍現役将校の配属と同様に、軍が生徒に及ぼす教育的効果を重視していた。東京では、各学校からの講演要求を文部省がとりまとめて、他の地方では各学校からの要望を府県が取りまとめて海軍に講演を要請していたのである（『戦前期海軍のＰＲ活動と世論』）。

講演会の内容

さて、現役将校による講演はどのような内容であったのか。佐世保海軍鎮守府の海軍大佐であった佐藤巳之吉による「大正十三年海軍記念日講演実施報告」（ＪＡＣＡＲ⑻）が残されている。この報告書が疑問に対して一つの答えを与えてくれる。

現役将校である佐藤巳之吉は、一九二四年五月二六〜二九日の四日間に福岡県・大分県の諸学校で講演を行った。聴衆は師範学校・中学校・高等女学校・実業女学校などの職員・生徒や、在郷軍人・市会議員・一般市民などで、その総数は五八九〇人にのぼった。

佐藤巳之吉の行った講演の内容と、それに費やした時間は、次のとおりである。(イ)「日本海々戦の日本に及せる結果」(一〇分間)、(ロ)「海軍の国家に必要たる所以を説く」(一五分)、(ハ)「海国日本と国防」(二五分)、(ニ)「海軍の任務」(三〇分)、(ホ)「海軍の現状」(二〇分)、(ヘ)「国民の自覚を促す」(一〇分)、(ト)「結論」(二〇分)であった。

日本海海戦に費やす時間は短く、海軍の理解に資する内容が大半を占めている。特に、(ニ)「海軍の任務」、(ホ)「海軍の現状」の講演時間が長い。(ニ)「海軍の任務」に関しては、海軍の平時・戦時の任務と海上生活について説明し、(ホ)「海軍の現状」では、軍艦・航空機、海軍の戦闘法、世界海軍の現状、「米国飛行機の来翔を何と見るか」などをテーマにして講演していた。佐藤巳之吉の講演内容は、日露戦争における日本海軍の功績を讃えることより、当時の国際社会における日本海軍の存在意義を理解することに重点が置かれていた。日本海軍を宣伝するとともに、海軍に対する理解を深めさせる内容だった。

「講演の概況」

佐藤巳之吉の報告書によると、講演に関する聴衆の姿勢は熱心で、二〜四時間にわたる講演を緊張し興味をもって聴講したとしている。また、巳之吉は、聴衆が海軍将校による講演を聴いたことがなく、海軍に関する講演を期待していたと判断している。各学校長に対しては、地方の「海軍に関する智識観念」を尋ねており、すべての学校長が「乏し」と答えたと書き加えている。従って、講演官である佐藤巳之吉は、各学校長の現役将校による講演会への期待を感じとり、自らが行った講演会が有意義であったと判断していた。また、佐藤巳之吉は各学校長に海軍に対する要望も尋ねていた。その結果、講演に関しては①なるべく多く海軍に関する講演を行って欲しいこと、②講演官は現役将校であること、③演題は「海軍に関する一般観念」「世界の情勢より見る海上の国防」「海軍の事情・生活」「国民一般に必要なる海、海軍の智識観念」などを「通俗的に」説明すること、④講演会へは学校職員・生徒以外の者にも出席を許可すること、また、講演以外には軍隊施設の見学、軍艦などへの便乗、艦内宿泊などを許可することなどの要望を受けた。聴衆の大多数を占める生徒児童の本意を知ることはできないが、学校側からの要望は、現役将校による海軍に関する講演の対象を、学校職員や生徒以外の一般の人々にまで広げて開催してほしいというものであった。佐藤巳之吉は、各学校からの海軍に対する前向きな姿勢を快く感じていたのである。

講演会の「所見」

以上のことを踏まえて、佐藤巳之吉は「事の大小軽重順序等を考ふることなく列記す」として、「所見」において、自らの意見を述べている。

まず、佐藤巳之吉は、国民一般の海軍に関する智識・思想は乏しいが、これは海軍側の責任であるとし、海軍は国民に対して、海軍に関する智識・思想を教える権利を持っていると述べている。

そして、国民に対し海軍の「真の意義、真の価値等」を知らせ理解させることが急務の一つであり、できる限り「時期と範囲」を拡大し、「海軍思想普及鼓吹に関する方法」を全国民に目と耳、さらに体験から「自得自覚せしむる如く教養指導」することが必要であると結論づけている。しかし、「実際の海軍思想鼓吹（唱えて賛同を得ようとすること）の方法は講演に限られており、時期は海軍記念日、場所も交通の便のよい所ばかりで、その方法が不十分である」と付け加えた。海軍思想を宣伝する手法が講演に限られているばかりか、講演が鉄道などが通じる都市部で行われ、地方で行われる機会が少ないことに不満を抱いていた。

佐藤巳之吉はさらに続けて「ワシントン海軍軍縮条約が成立すると、日本国民は海軍が必要であることを忘れ、甚だしい場合には、戦争が正になくなることを軽信し、また、ある意図を持つ者の声によって、近年海軍志願者が激減してしまった。しかも世界の情勢は日々変転しつつある。陸軍はこれを好機とし、各学校生徒に軍事教練を実施する努力をしているが、海軍は進んで充分な積極的手段を講ずることをせず遺憾である。一方、海軍がこの種の方法を直に採用して実行することは困難であるが、海軍軍事普及委員会が設けられたので、この方面に向って力が注がれることを期待する。その一案として、軍港において海兵団の練習艦あるいは予備艦等を利用し、学生等に短期の実習や、見学などを実施するほか、現在行われている以上に、積極的に講演会を行うことが必要である（要約）」と述べた。注目すべきは、海軍思想普及鼓吹を推し進める理由を述べている点である。海軍軍縮条約の成立により海軍が軽視されていることや、戦争がなくなるという考えなどにより、海軍志願者が激減していることを佐藤巳之吉は問題視していたのである。実際に、一九二二年の海軍志願兵志願者は一万九〇〇〇人余、一九二三年の志願者数は一万七〇〇〇人余と激減しており、一九二三年の海軍志願兵の志願者減少率は前年比四三％であった。

海軍の兵員は徴兵によるものと志願によるものがあり、大正期には志願兵採用者の比率は全新兵の約半数を占めていた。志願兵を志願する者が減少することは、良兵を採用する可能性が低くなることから、海軍にとっては大問題であり（『日本海軍の志願兵と地域社会』）、佐藤巳之吉は志願兵への志願者が減少することを海軍の危機として受け止めていたのである。さらに、陸軍が「昨夏の如き各学校生徒に軍事教練の機会を与ふるに努力し」ているにも関わらず、海軍が積極的な手法をとっていないことを「遺憾」としている。陸軍による宣伝活動が先行し、海軍の活動が遅れていることへの悔しさがにじみ出ている。一九二二年から帝国議会では、陸軍将校を中等学校以上の各学校に配属し軍事教練を行うという議論が行われており、佐藤巳之吉はそれを苦々しく思っていた。そこで、巳之吉は、一九二四年に組織された海軍軍事普及委員会による、宣伝活動に期待をかけていたのである。巳之吉は積極的手段の一案として、軍港の警備などを行う海兵団の練習艦や予備艦を利用しての生徒に対する実習・見学、また、積極的な講演会実施などを提案し、宣伝活動により海軍の存在意義が高まることを期待していた。

なお、海軍軍事普及委員会とは一九二四年五月に海軍に設置され、「海軍軍事智識を通俗的に紹介し、以て優良なる海軍志願者の増加、海軍に対する一般国民の了解及後援の助長等、直接間接に海軍の向上発達に資せしむる」ことを目的とした宣伝機関であった（『史淵』一五九）。

「民衆の軍隊化」

佐藤巳之吉は、最後に「雑件」のなかで、「民衆を海軍化せよ、海軍を民衆化せしむべからず」と表題を示し、講演官の立場から、「民衆に軍隊の真意義、真価、真情を教え、正当かつ確実に軍隊を理解させ軍隊と民衆が相協力して国防の責任を果たすことが必要である。これは『民衆の軍隊化』である。『軍隊と民衆との接近』である。海軍記念講演は民衆の海軍化、換言すれば「海軍と民衆との接近」を促進する方法の一つであることを忘れてはいけない。」と、講演に対する自らの考え方を述べている。

佐藤巳之吉は、軍隊と民衆が協力して国防に対して責任を果たすことが必要であると述べ、その状態を、「民衆の軍隊化」「軍隊と民衆との接近」と表現し、それを促進させるための一つの方法として海軍記念講演を重視していたのである。国民統合につながる考え方で、注目に値する。佐藤巳之吉の論理からすると、海軍による軍楽隊の演奏、短艇競漕、艦船の便乗などは講演会と同じく、「民衆の軍隊化」「軍隊と民衆との接近」、すなわち国民統合を図るための重要な手段であった。

これまで、大正期を中心にして陸海の宣伝行動について述べてきたが、昭和期に入ると、中国との対外的緊張の高まりを背景に、陸海軍の宣伝活動はエスカレートしていった。一九二〇年代後半、日本は幣原喜重郎による協調外交が展開されていた。中国国民党などにより北伐が始まると大陸における軍事的緊張が高まり、日本国内では軍部が中国内政不干渉を続ける協調外交を軟弱外交と非難した。このようななかで、軍部は日露戦争二五周年にあたる一九三〇年の陸軍記念日、海軍記念日を例年に増して盛大な会にすることを意図した。

第二編

軍都佐伯の形成

第一章　海軍航空隊の誘致運動

海軍航空のはじまり

一九〇三年に、アメリカ合衆国でライト兄弟の動力航空機が約三二mの飛行に成功した。その後、欧米では航空機に関する研究が進み、航空機を軍事利用する動きが著しく進んだ。欧米の航空機研究の発展の情勢を察して、日本でその研究を始めたのが、海軍少将山本英輔《えいすけ》（山本権兵衛の甥）である。山本英輔は、一九〇九年三月、海軍軍令部に対して、日本も速やかに航空機の研究をすべきであるとの意見書を提出した（『海軍航空の基礎知識』）。

その後、一九一二年七月に陸海軍が共同で、陸軍省軍務局長の長岡外史《がいし》を委員長とする臨時軍用気球研究会を設置した。陸海軍と官民が協力して、挙国一致で気球と飛行機および地上との通信に関する研究を開始した。しかし、海軍は航空機の研究に重きを置き、陸軍は着弾等の観測用気球の研究を重視した。そこで一九一二年に、海軍は航空機操縦者の養成や、海軍の軍用航空技術の研究・

開発をするため、独自に海軍航空術研究委員会を設置した。

第一次世界大戦において日本は、若宮丸を改装した特設水上母艦若宮に航空機四機を搭載して参戦した。大戦における作戦出動回数四九回、投下爆弾一九九個、飛行時間は七一時間を数えた(『海軍航空隊年誌』)。これにより、日本においても航空機の用兵価値が広く認識されることになった。

しかし、日本は第一次世界大戦を経験した欧米と比べ、航空機の技術・用兵において大きく立ち遅れていた。そこで日本海軍は、一九二一年にイギリスからセンピル大佐率いる航空団を招いた。これにより、艦上航空機の操縦・整備・機上諸作業の技術を吸収するなど、大きな成果を得ることができた(『海軍航空概史』)。ただ、明治期末~大正期にかけて、航空機が戦争において主戦力になるという潜在的な能力を強調する者はいたが、陸海軍では、その力はまだ未知数として認識されていたのが実情であった。

海軍航空隊の設置

一九二二年にワシントン条約締結により、日本の主力艦の保有量は対英米六割に制限された。日本の空母の総t数は八・一万t、一隻では最大二・七万tまでに制限された。そこで、日本は一九二三年に国防方針、国防所要兵力量、用兵要領などを改訂し、補助兵力である航空兵力の増強に乗り出した(『軍備拡張の近代史』)。一方で、海軍は一九一五年には、すでに空母の研究を始めており、一九二二年に鳳翔、一九二七年に赤城、一九二八年には加賀が竣工した(『海軍航空隊年誌』)。

また、航空機に関しても、海外から航空機・発動機を輸入し、イギリス・フランス・ドイツから技術者を招いて、日本国内での航空機製造に力を注いだ。陸海軍は中島飛行機・三菱航空機・川崎航空機工業・日立航空機・愛知航空機・川西飛行機・立川飛行機などの民間航空機製造会社に航空機を競争試作させた。そして、競争のなかで試行錯誤が続けられ、機体の性能は次第に向上していった（『軍用機の誕生』）。

一九一六年に、海軍は海軍航空術研究委員会を解消して横須賀海軍航空隊（神奈川県）を新設し、一九二〇年には横須賀海軍航空隊の下に佐世保海軍航空隊（長崎県）を開隊し、一九二二年に霞ヶ浦《かすみがうら》海軍航空隊（茨城県）、大村海軍航空隊（長崎県）、一九三〇年に館山《たてやま》海軍航空隊（千葉県）、一九三一年に呉海軍航空隊（広島県）を開隊し、一九三一年までに六海軍航空隊が開隊した。

一九三〇年にロンドン条約が締結され、日本海軍は、補助艦補充の第一次軍備補充計画を立て、航空兵力の増強を図った。しかし、一九三一年に満州事変、一九三二年に上海事変が起こったため対外的緊張は高まり、海軍は第二次軍備補充計画を立て、保有する航空機の機体数を追加した。

一九三三年に大湊《おおみなと》海軍航空隊（青森県）、一九三四年に佐伯海軍航空隊（大分県）、一九三五年に舞鶴《まいづる》海軍航空隊（京都府）、一九三六年に木更津《きさらづ》海軍航空隊（千葉県）、鹿屋《かのや》海軍航空隊（鹿児島県）、横浜海軍航空隊、鎮会《ちんかい》海軍航空隊（朝鮮）がそれぞれ開隊した。（『海軍航空隊年誌』）

佐伯町と富高町の実地調査

海軍は航空兵力を増強するため、九州東海岸の一か所に航空隊を設置することにした。その候補地として、大分市日岡《ひおか》、南海部郡佐伯町、宮崎県富高《とみたか》町、鹿児島県志布志《しぶし》町の四か所をあげ調査を開始した。なお、その頃海軍はすでに宮崎県富高町に土地を買収し一九二九年四月から飛行場建設の工事に着手していた（拡張などを経て一九三五年に完成）（『宮崎の戦争遺跡』）。

三月中旬には海軍建築局長が日岡・佐伯・富高・志布志の四か所を「検分」し、三月二八日～四月一七日にかけて呉鎮守府建築部が佐伯町女島の測量と海面調査を行った。一方、富高町では三月二九日に呉鎮守府建築部が飛行場の測量を行い、四月二五日頃まで海軍省水路部が細島港から門川《かどがわ》尾末《おずえ》まで、畑浦《はたうら》から岩脇《いわなぎ》付近までの測量を行った。その際、「海上の畑浦湾は浅瀬が多くあり、現在のままでは駆逐艦も入港出来ざる模様で少なくとも改修を要する」との話がすでに出ていた（宮崎一九三一・四・二二）。

四月六日に、宮崎県都城出身の財部《たからべ》彪《たけし》海軍大将が富高町を視察した際に、「飛行場常備隊問題については私より何ともいうことは出来ないが、候補地としては富高と佐伯になっている」と語っており（宮崎一九三一・四・八）、四月初旬には海軍航空隊設置の候補地が佐伯町と富高町の二か所に絞られていたことが分かる。以下、『宮崎新聞』と『佐伯新聞』から、富高町と佐伯町の航空隊誘致運動の様子を見ていくことにしよう。

富高町の誘致運動

海軍航空隊の誘致運動は、佐伯町よりも富高町で一足早く開始された。『宮崎新聞』はこれを「常備隊設置問題」と報じていた。そこで、富高町に関して記述する場合は航空隊に代えて「常備隊」を使用する。

一九三一年二月九日に有吉実宮崎県知事は、富高町長・細島町助役・町会議員などを県庁に招いて、富高飛行場への常備隊設置に関する説明を行った。その内容は、第五九回帝国議会（一九三〇年一二月二六日～一九三一年三月二七日）において軍備拡張が議決されると、九州では宮崎県、大分県、鹿児島県の三県のなかの一県に海軍航空隊が設置される予定になっており、宮崎県としてもできる限り誘致運動を行い、宮崎県出身の上原勇作元帥、財部彪海軍大将（前海軍大臣）、並びに県選出代議士に応援を依頼し、常備隊設置の実現に尽力するというものであった（宮崎一九三一・二・一三）。

富高町は県との協議を経て、二月一四日に富高町助役と同町議員三名が上京し、宮崎県出身の上原勇作元帥、財部彪海軍大将、県選出代議士などに対して常備隊設置の陳情を行うことが決定された。上京に際して県知事からの助言により、細島町助役と同町議会議員一名も同行した（宮崎一九三一・二・一四）。その後、富高・細島両町の陳情団一行は二月二四日に帰郷し、翌二五日に県庁に出向き、「財部前海相、安東航空部長に面会し陳情に努めたけれども、何しろ国防に関する事柄容易にその方針を明らかにせず、ただ富高飛行場は飛行場としての条件を具備して居ると言う事のみを航空部長に依って発表された」ことなどを、県知事に報告した。『宮崎新聞』（一九三一・三・八）は、富高町・細島町の両町は各関係方面に「猛運動」を行ったが、一回の運動に止まるなど、富高町への誘致運動は他の地域に比べて盛り上がりに欠けていることを指摘していた。

海軍航空隊設置促進期成会の発足

一方、一九三一年二月二八日に阿部嘉七《かしち》大分県知事は佐伯町に対して、佐伯湾が海軍航空隊設置の有力な候補になっていると伝えた（『佐伯市史』）。佐伯町議会は緊急協議会を開催し、海軍航空隊を佐伯町に誘致することを満場一致で決定し、誘致運動にとりかかった。

三月九日に第一次上京班が野村一也町長とともに上京し（佐伯一九三一・三・一五）、海軍幹部、県選出代議士、毛利家一三代当主毛利高範《たかのり》をはじめとする佐伯出身有力者を訪ね、海軍航空隊設置に関する陳情を行い援助を要請した。佐伯町は海軍航空隊を誘致するため、海軍航空隊設置促進期成会を組織することを決定し、三月二二日に佐伯町役場において町議会議員、各区長、消防小頭、商工会幹部、在郷軍人分会長、地元女島代表、新聞社社長など六〇人余をその委員とする第一回の委員会を開催した。「海軍航空隊設置促進の件」を満場一致で可決し、会長に野村一也町長、副会長に高司正直助役、幹事二二人を決定し、運動方法などを具体的に協議した。

ところで、佐伯町には海軍航空隊の規模に関して飛行場面積は二〇～三〇万坪、工事費用九〇万円、航空隊一隊の一年間の経費は四隊で計八〇〇万円と伝えられていた。当時佐伯町の一年間の歳出一〇万円に比べてもその額は莫大であり、佐伯町に及ぼす経済効果が大きいことが伝えられた（佐伯一九三一・三・二二）。この情報の出所は毛利高範であったと思われる。佐伯町に帰省した毛利高範は、土産話のためにあらかじめ霞ヶ浦航空隊を視察しており、一九三一年四月二日『佐伯新聞』に類似する内容が毛利高範の話として掲載されている。子爵毛利高範が海軍航空隊設置に関する海軍の動きや、軍中央の情報を佐伯町に伝えていたのである。

佐伯町がかかえる問題

佐伯町では四月一日に佐伯町役場において第一回の幹事会が開かれ、佐伯町民の覚悟を促すとともに、全町民の世論を喚起するために町民大会の開催を決定した。また、この運動を積極的に推進するために、町民大会係・地主折衝係・町村長係・視察係・知事折衝係・電動力係を設けた。さっそく四月二日には知事折衝係が阿部嘉七県知事を訪問し、海軍航空隊設置への援助を陳情した（佐伯一九三一・四・五）。

四月五日に佐伯町朝日座において、海軍航空隊設置促進期成会主催の町民大会が開催された。子爵毛利高範をはじめ同会委員が多数出席し、町民約一〇〇〇人が朝日座を埋め尽くした。野村会長が開会の辞を述べたのちに、座長に小田部《おたべ》隣《となる》前佐伯町長が推薦された。各委員からの経過報告後、毛利高範も「女島候補地は頗《すこぶ》る有利な条件をもっているが、富高など他にも候補地があるので、町民の熱意と覚悟がその成否にかかって之を決するのである」と佐伯町民の結束を促した。大名華族毛利高範の佐伯町に対する影響力を見逃すことはできない。

しかし、佐伯町には海軍航空隊を誘致するために解決しなければならない問題があった。その問題とは、佐伯湾内の漁業権補償と同湾沿岸の土地買収であった。

一九三一年四月一四日に佐伯町女島、長島、灘の各地区代表者と海軍航空隊設置促進期成会の地主折衝委員との会合が行われた。その結果、佐伯町と土地所有者との間で協定が成立し、海軍が希望する地価で土地を提供することが決定された。そして、航空隊設置が決定された際には、佐伯町が土地所有者から用地を買収して海軍が希望する地価で提供し、海軍の買収地価と町の買収地価との差額は、町債を発行してそれを補塡することにした。

また、佐伯、八幡、西中浦、大入島の各町村の漁業組合及び個人の漁業権の問題は海軍航空隊設置促進期成会と県水産課との折衝の結果、全部これを県水産課に一任し海軍の希望どおりに対応することが決定された。

四月一七日には佐伯町役場において南海部郡の町村長会が開催され、佐伯町は南海部郡全町村に海軍航空隊誘致活動への援助を求めた。同郡町村長会では四月二二日に堅田村長、八幡村長、直見村長、米水津村長、明治村長が阿部大分県知事を訪問して、県を挙げての航空隊誘致への援助を請願し、その後、呉鎮守府に赴き佐伯町に海軍航空隊を設置するように陳情した。

さらに、念を押すかのように、海軍航空隊設置促進期成会は四月二七日に舞鶴鎮守府長官に陳情書を送り、同町村長会は、海軍航空本部長に海軍航空隊設置の陳情書を送った（佐伯一九三一・五・三）。

「富高には空母が這入《はい》らず」

一九三一年七月一日に佐伯新聞社の「東京特殊機関」から、佐伯町に海軍航空隊設置の内定情報が特電で伝えられた（『佐伯市史』）。『佐伯新聞』は直ちに「東九州海岸に於ける海軍航空新設地は大分県佐伯に内定した」との号外を出した。佐伯町では海軍航空隊設置促進期成会の委員（町議のみ）を召集して対策を協議し、その結果、漁業権問題は県に一任すること、女島の土地買収地価は同促進期成会との協定通りにすること、野岡・長島地区の地価決定には地主折衝委員が当たることを改めて確認した。七月三日には土地所有者と話し合い、ある程度の協定が成立したという（佐伯一九三一・七・五）。

一方で、富高町の様子はどうであろうか。一九三一年六月二七日までに「佐伯町に奪われる惧《おそれ》あり」と伝えられた石川富高町長は、「少しも信ずるに足らないことである」と、佐伯町への海軍航空隊の設置内定を否定した（宮崎一九三一・七・九）。しかし、七月二〇日に呉鎮守府参謀長鈴木少将が有吉実宮崎県知事を訪ねて会見し、海軍航空隊の設置は佐伯町の方が有望であることを伝えた。会見を終えた有吉県知事は、「航空常備隊の設置は鈴木少将によると、佐伯町が有望だ、勿論富高町も場所としては最適地との話しだったが、何分にも航空母艦が外港に這入《はい》らず残念ながら今後は望みが無い模様だった。（中略）もし航空母艦が外港に這入りさへすれば問題じゃなかったが、その一事によって佐伯町が有望となったことは返す返すも残念でならぬ。」と語った（宮崎一九三一・七・二二）。しかし、これは三月末～四月に海軍水路部が細島港、門川尾末、畑浦から岩脇付近の海岸線の測量をしていた初期の段階から指摘されていた問題であった。

航空隊誘致運動は出来レース？

一九三一年八月七日に東京の毛利高範から佐伯新聞社に「佐伯航空隊は本日海軍大臣の決裁を了す」との電報が届き、佐伯新聞社はその旨を佐伯町内に伝える号外を発行した。佐伯町では直ちに町会議員を召集して、海軍航空隊の設置が佐伯町に確定するに至った経過報告を行い、町民大会、提灯行列、祝賀会などの祝賀行事について協議した。そのあと野村町長、高司助役、役場職員及び町会議員は七台の自動車に分乗して、楽隊を先頭に町内を練り廻り「挙町一致の熱誠により航空隊設置本日決定す。ここに意気新たな興奮を祈る」と印刷したビラを配布して各所で万歳を唱えた（佐伯一九三一・八・九）。

八月八日午後八時頃から佐伯小学校の校庭で、佐伯海軍航空隊の設置確定を報告する町民大会が開催された。あいにくの雨天であったが、校庭は同校小学四年生以上の約四〇〇人がかざす提灯や町内各商店の大提灯で埋めつくされた。野村町長による海軍航空隊設置内定までの経過報告、阿南期成会幹事による決議文朗読の後に、万歳三唱して閉会した。佐伯町と富高町との間で起きていた海軍航空隊誘致合戦に決着がついた。

なお、佐伯海軍航空隊の初代司令官である別府明朋は、一九三四年一一月に同航空隊庁舎が竣工した際の所感のなかで、航空隊設置の候補には三案があり、第一案が佐伯に水陸両隊を設ける、第二案が佐伯に水上隊、富高に陸上隊を設ける、第三案が富高に水陸両隊を設けることであったと述べ、佐伯町に水上・陸上両隊の航空隊を設置することが最初から有力な案であったことを明かしている（佐伯一九三四・一一・四）。これが、正しければ、海軍航空隊設置場所は早い段階から佐伯町にほぼ決まっていたことになる。佐伯町への海軍航空隊誘致は出来レースであったと言える。

誘致運動の過程で見えてきたこと

佐伯町と富高町との間でくり広げられた海軍航空隊の誘致運動は、最終的に佐伯町に軍配が挙がった。その過程で見えたことをいくつか指摘しよう。

第一に、航空隊（常備隊）設置の候補地の通知が佐伯町・富高町ともに、県知事から伝えられ、県・

郡・町が協力して、行政側の主導により誘致運動が行われていたことである。特に、大分県当局は、海軍航空隊予定地の土地所有者や漁業関係者に対して、「国防の重大問題」との認識を示し、佐伯町では、海軍の意向に沿う海軍航空隊設置促進期成会の諸問題解決への強引な手法が目立つ。しかし、後述するように、それがために土地買収価格や漁業補償に関する問題が起きていた。

第二に昭和恐慌のもとで、海軍航空隊の開隊が莫大な経済的利益をもたらすことが期待されており、両町の多くの町民が航空隊の誘致を支持していたことは言うまでもない。佐伯町民も町の経済的発展を期待し、佐伯町も海軍航空隊誘致により上水道敷設、航空隊と中心市街地を結ぶ新道路、公園や公会堂の設置など、インフラ整備などを根拠に、町民に対して航空隊誘致への同意をとりつけることができたのである。

第三に毛利家一三代当主毛利高範の影響力も見逃せない。佐伯町が航空隊設置の候補地になると、大名華族毛利高範は茨城県に開隊していた霞ヶ浦航空隊を視察して、そこで知り得た海軍の情報をもたらすとともに、航空隊設置を有利に運ぶための助言を行った。佐伯町と富高町の間で海軍航空隊の誘致合戦がくり広げられるなかで、毛利高範が東京と佐伯町のパイプ役となり、佐伯町に中央の情報を伝えていた。のちに海軍航空隊の設置が佐伯町に内定した際その情報を特電で佐伯にもたらし、また、佐伯町長野村一也が海軍当局に挨拶のため上京した際、海軍大臣・海軍政務

毛利高範　『佐伯市史』より

次官・海軍省航空本部長との面会を仲介したのも毛利高範であった。

毛利高範は肥後宇土藩一一代藩主細川行真《ゆきざね》の長子で、伯母に当たる美女子《みなこ》（宇土藩一〇代藩主細川立則《たつのり》の娘）が佐伯藩一二代藩主毛利高謙《たかあき》の後妻になった縁で、一八七五年に一〇歳で高謙の嗣子となり、一八七六年高謙の死去により毛利家当主を継承した。一八七八年に従五位に叙せられ、一八八四年には子爵を授与され華族に列した。一八九三年に東京から佐伯町に転居し（この頃毛利家は財政難に陥っていた）、一九〇七年に再び東京に転居するまでの十数年間、佐伯町の一町民として人々と親しく交わった。一九二四年に私財三万三千円を投じて毛利家奉公財団を発足させ、佐伯町の文教や産業の発展に尽くした。毛利高範と町及び町民との間には君臣関係にも似た「情宜」による関係が成立していた。海軍航空隊誘致促進期成会の各係のなかには、士族も多く含まれており、毛利高範の存在は、海軍航空隊を是非とも誘致したかった佐伯町にとっては力強い存在であった。

なお、毛利高範は一八八八年ドイツに留学して速記術を学び、帰国後、研究を続け独自の速記術をあみ出した。毛利式日本速記術である。毛利速記学校を開校して自らも速記法を教授し、子供はいずれも速記法を学び、三女泰子（近衛秀磨の妻）は西園寺公望《きんもち》の秘書原田熊雄に協力して「原田熊雄日記」（『西園寺公と政局』）を口述筆記した。

土地買収と漁業権の問題

一九三一年七月二日、佐伯町役場において海軍航空隊用地の買収をめぐり、海軍航空隊設置促進期成会の地主折衝委員と土地所有者の会合が行われた。その結果、女島の海軍航空隊用地の買収地価は同期成会との協定通りとされ、長島・野岡の買収地価も同期成会地主折衝委員と土地所有者との間で協定が成立した。

さらに、同年八月一一日〜一三日に、土地および山林の所有者との間で折衝が行われ、問題は解決し買収調印も行われた。土地所有者の中に愛媛県一人、神戸市二人、計三人の県外在住者がおり、佐伯町議と県土木課職員が訪問して懇談し解決を図った。しかし、女島に一万一〇〇〇坪の土地を所有する神戸在住の一人が、佐伯町内の共有地の無償提供を要求するなど、法外な条件を提示した（佐伯一九三一・八・二六）。そこで、県と海軍航空隊設置促進期成会が土地収用法を適用して交渉を進めるという態度をちらつかせると、一転、その土地所有者は低価格による土地の買上を恐れ、土地買収への同意を申し出た（佐伯一九三一・八・三〇）。

同年一二月には航空隊用地の補償金として海軍側四万五六七七円、佐伯町側三万一七四三円余、合計七万七四二〇円余が、六七人の土地所有者に支払われた（佐伯一九三一・一二・二〇）。なお、佐伯町側が負担する三万一七四三円は当初、町債を発行して賄う予定であったが、一九三一年九月一四日に開かれた臨時町議会で、家屋税と戸数割を財源にする方向が決定された（佐伯一九三一・九・二〇）。

一方、一九三一年八月に、県は大入島と女島の漁業権補償に関して水産課長を派遣し、佐伯町役場において、佐伯、大入島、東中浦、西中浦、八幡の各町村漁業組合の漁業者および個人権利所有者数人と懇談した結果、ほぼ県の査定に近い補償額で妥結した。そして、同年一〇月には関係する漁業組合および個人に対して、県水産課から合計五万八八七七円の漁業補償金が支払われた（佐

伯一九三二・一〇・二五)。その内訳は、西中浦漁業組合三八一二円、八幡漁業組合四八九九円、東魚業組合二四三八円、石間漁業組合二万四三三三円、西漁業組合一万三九七三円、佐伯町漁業組合一八二二円、南海部郡内の個人五人七六〇〇円であった。

しかし、それ以前、一九三一年九月に、大入島の漁業者が野村佐伯町長を訪ね、「佐伯町の期成会が国防の美名にかくれて質朴な漁業者を圧迫」したとして、県からの補償金の他に、海軍航空隊設置促進期成会に対して慰謝料を要求した(大分一九三一・九・二〇)。同期成会長である野村町長は、既に県水産課にその解決を一任していることを理由に要求を拒絶した。すると大入島の漁業者は、佐伯町長らを相手取り、佐伯海軍航空隊設置にともなう追加の漁業補償金三万一九五一円の請求訴訟を大分地方裁判所に提起した(佐伯一九三二・一・一七)。一九三二年一月一七日『佐伯新聞』は「同事件の争点は航空隊設置運動当時に逆《さかのぼ》って極めてデリケートな点にかゝっていること、てその成行は注目されている。なお佐伯町会では各町議とも極力野村町長らを支援することになっている」と報じ、解決が難しい問題であることをほのめかしていた。しかし、一九三四年二月四日、海軍航空隊開隊(同年二月一五日)を目前にして決着がついた。詳細は不明だが、大入島出身の(株)村上組専務村上春蔵が仲介することにより、双方無条件で和解したのである(佐伯一九三四・二・一二)。村上春蔵は戦後、衆議院議員を務めた村上勇(一四回当選)の実弟。自らも、戦後、参議院議員を二期務めている。

大村飛行場の用地買収問題

佐伯町は、地主と漁業者の不満を抑えて土地買収と漁業権補償の問題を解決した。この過程において、海軍、県、町はどのように連携していたのであろうか。佐伯町にはこれを解明する資料が見当たらない。しかし、長崎県の大村飛行場の用地買収問題が、それに対するヒントを与えてくれる。

大村海軍航空隊　『新編大村市史』第四巻より

大村海軍航空隊は、一九二二年一二月一日に開隊し、日中戦争において佐伯海軍航空隊とともに第二連合航空隊を編成し、重慶爆撃に出撃した航空隊である。

一九二〇年、佐世保海軍建築部は、長崎県東彼杵《ひがしそのぎ》郡竹松村を大村飛行場建設の第一候補に挙げて調査を行った。その結果、買収予定の土地面積が広かったため、海軍建築本部は地域住民の産業や生活に影響を及ぼすことをあらかじめ察知していた。そこで同本部は、佐世保海軍建築部長に対して、買収着手前に長崎県当局と十分協議して了解を得ること、場合によっては県に土地買収を委託する旨を伝えていた（ＪＡＣＡＲ⑼）。大村飛行場建設の用地買収に関して、海軍が主導権を握っていたことが分かる。

一九二一年二月二五日に、佐世保海軍建築部長は、海軍建築本部長に対して、「佐世保航空隊大村飛行場用地買収ノ件」（Ｊ

ＡＣＡＲ(10)として飛行場用地の買収状況を報告している。その報告文書には「極秘文書」の印が押されていた。その極秘文書の冒頭には、海軍があらかじめ県や郡と交渉すること、大村飛行場の用地買収には海軍が買収に必要な諸準備を行うこと、そして県や郡が買収の実務を行うなどの内容が記されていた。その上、海軍は県との間に、「買収実行方は県にて引受たる事」とする協定を結んでいたのである。買収の実務については県が責任を持つということである。さらに、海軍は県当局に対して、各地主が所有する土地を転売しないことを約束する「受書」を郡に提出させるように命じ、飛行場用地に必要な土地が買収以前に売買されることを事前に防ぐ手段をとっていたのである。県と郡が海軍の指示に従い、大村飛行場の土地買収を強引に行っていたことが分かる。また、海軍は家屋、益木（樹木）の移転調査などを行い、一九二一年二月一二日、県に対して、買収価格の予算限度が六〇万円であることもあらかじめ伝えていた。

同年二月一八日に長崎県当局は、地主二〇〇数十人を集め、知事代理の県内務部長が「諭達の上」、各地主に買収価格を伝えた。海軍はこの買収が円滑に進むと考えていたようであるが、ことは海軍の思惑通りに運ばなかった。

海軍によって土地買収が行われることが決まった後に、投機によって田畑の価格が二倍以上に急騰し、畑地一反の価格が一〇〇〇円以上になった。そのため、地主は代替地を購入できなくなり、困り果てた地主は買収予定価格の増額を要求し、だれも買収契約の書類に「承印」を押さなかったという。また、地主たちは長崎県選出の衆議院議員横山寅一郎を介して、海軍省に買収予算額の増額要求や、県費、郡費、村費による補助金を要求するために奔走中であった。一方、県知事は、買収予算額は六〇万円と強く主張してきたが、地主たちによる海軍省への陳情などにより予算額が増額されるのではないかと不安を抱き、改めて海軍の意向を尋ねる始末であった。

これに対して海軍は、田畑の買収予算額を約一割増額することに決定して、再交渉を進めていたところであった。そこで、佐世保海軍建築部長は、海軍建築本部長に対して、極秘に交渉を進めているので、軽々に予算額等を地主などに明示しないように要望したのである。「佐世保航空隊大村飛行場用地買収ノ件」によれば、次第に地主側の態度が緩み、海軍の予定価格で買収に応ずることになったという。海軍側による、田畑買収価格の約一割増額という条件変更が功を奏したようである（JACAR⑹）。その結果、海軍は、田・畑・宅地・山林・原野・雑種地・溜池・墓地など合わせて九〇町余りの土地の買収を完了し、大村飛行場の工事が開始され、兵舎や庁舎の建設工事も完了し、一九二二年一二月一日に大村海軍航空隊が開隊したのである。

佐伯町においても大分県・南海部郡・佐伯町が海軍側からの指示を受け、海軍航空隊設置促進期成会が、強圧的な姿勢で土地買収や漁業補償の問題を解決していたことが推察される。

第二章　満州事変と佐伯

一九三一年に満州事変が勃発すると、軍部はこれを非常時ととらえ国防思想普及講演会などを開催し、軍の作戦行動の正当性と、国民からの支持を訴えた。満州事変の勃発後は、人々の戦争熱が高揚して軍の行動を支持したということが言われている。大分県でも大分連隊満州派遣部隊の出動が、市民の戦時気分の高揚に大きな影響を与えていたことは確かである。銃後の熱意は高まり、大分連隊区司令部などに送られる寄附金の額や慰問文・慰問袋の数は急増した。戦争が激化するなかで、戦勝祈願祭が行われ、戦死者に対しては敬意を表す大規模な葬儀が催され、帰還兵に対しては盛大な凱旋歓迎会が開催された。軍の意向に沿って戦争の状況を伝える新聞の紙面は、市民の戦時気分をさらに高揚させた。しかし、その一方で、戦争を冷静に、そして冷ややかに見る人々もいた。『大分新聞』『豊州新報』『佐伯新聞』などの新聞によりながら、戦時下の軍隊と地域の関わりについて述べていきたい。

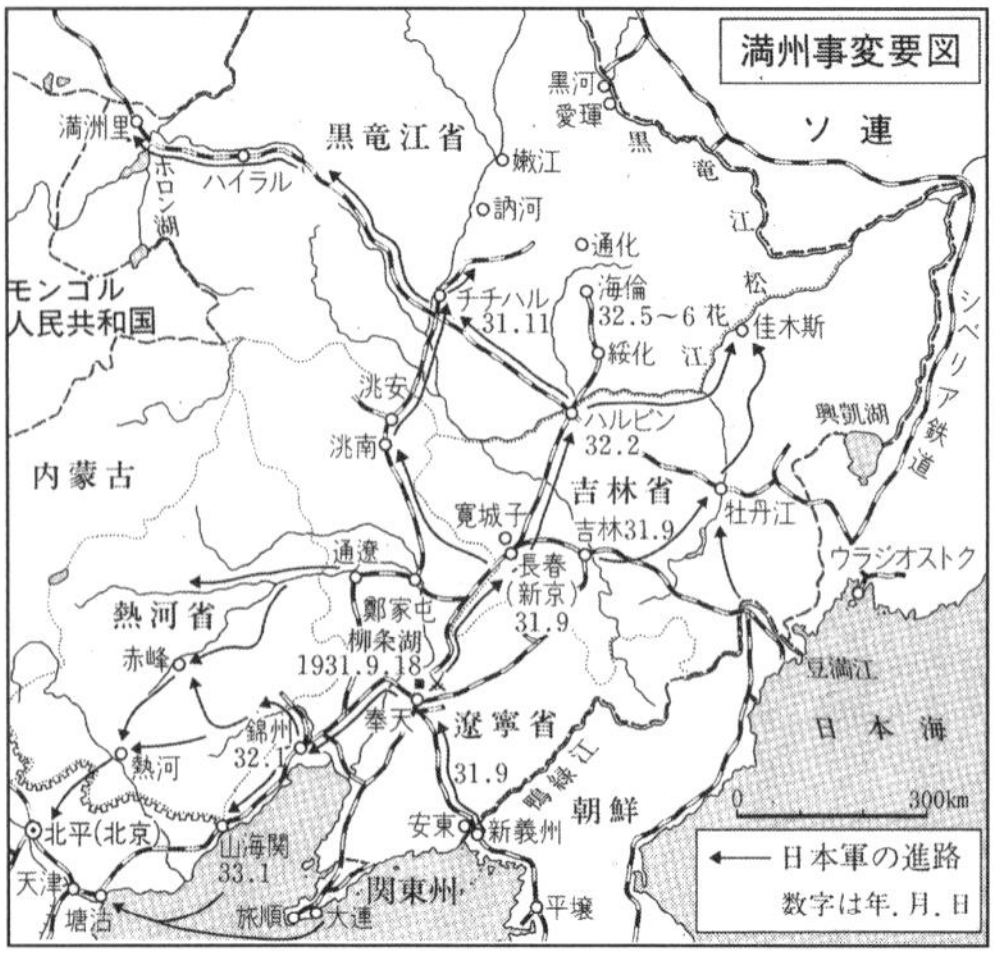

図4　満州事変要図　『二つの大戦』より

満州事変の勃発

一九三一年六月末までには、関東軍の板垣征四郎大佐と石原莞爾《かんじ》中佐らは、九月下旬に中国で軍事行動を起こす計画を立てた。そして、一九三一年九月一八日、関東軍は北大営《ほくだいえい》付近の柳条湖《りゅうじょうこ》で、中国軍が満鉄を爆破して日本軍を襲撃（柳条湖事件）したという偽情報に基づき、中国への侵略を始めた。こうして満州事変が勃発した（『十五年戦争の開幕』）。

『大分新聞』は、一九三一年九月一九日の号外で「日支軍交戦」「我軍、奉天城攻撃開始」、「北大営占領」、「形勢愈《いよい》よ重大化二師団に出動命令」などの見出しで満州事変の勃発を大きく伝えた。また、この事変は「支那側の暴《ぼう》戻《れい》（道理に反する行動）から日支軍交戦」に至ったもので、「（一八日）午後十時半北大営の北西において、支那兵が満鉄線を爆破し我守備兵を攻撃したので、我守備兵は時を移さずこれに応戦し、大砲を以て北大営の支那兵を砲撃し、北大営の一部を占領した」と報じた。これは関東軍の攻撃を正当化するとともに、中国に対する強い反感を日本国民に抱かせることになった。

一方で、日本政府は列国の反発を恐れ、不拡大方針を決定した。しかし、関東軍は自衛権の発動を主張して満鉄附属地外に兵力を展開し、一〇月八日中国国民党側についた張学良（関東軍の謀略で殺害された張作霖の子）が拠点とする錦州を爆撃した。これは第一次世界大戦以後における初めての都市爆撃であり、世界に大きな衝撃を与えた（『十五年戦争の開幕』）。

ただし、その頃、『大分新聞』（一九三一・九・一九）の第二面には、同年九月二五日に実施される県議会議員選挙に関する記事が掲載され、県議会議員選挙が県民の大きな関心事になっていた。また、佐伯町では一九三一年八月に海軍航空隊の設置が正式決定され、その直後から『佐伯新聞』は毎週同隊関連の記事を掲載していた（『佐伯新聞』は週刊新聞）。『佐伯新聞』が本格的に満州事変に関する記事を掲載するようになるのは一九三一年一二月からである。新聞報道が世論を正確に反映しているとは言い切れない。とはいえ、当時佐伯町にとって満州事変よりも、海軍航空隊の設置の方が身近で切実な問題であり、満州事変の勃発当初、それが自らに影響を及ぼすという危機認識はまだ低かった。大分県では、その頃、満州事変の勃発に対して傍観者に過ぎなかった人々が多かったと思われる。

国防思想普及講演会の開催

軍部は国防思想を普及させるため、一九三一年八月にはすでに講演会活動を開始していた。『大分新聞』（一九三一・一一・一）によると、一〇月三〇日に大分県公会堂（大分市）において、在郷軍人大分市連合分会と大分市の協同主催により、元豊予要塞司令官郷田兼安《ごうだかねやす》中将（一九四一年に初代佐伯市

郷田兼安による満蒙時局講演会（大分県公会堂）
『大分新聞』1931年11月1日

長となる）の満蒙時局講演会及び市民大会が開催された。郷田兼安による満蒙時局講演会は、一二月一一日に直入郡玉来町（竹田市）、一二月一三日に南海部郡佐伯町（佐伯市）、一二月二二日に大分郡狹間村（由布市）でも開催された。

佐伯町での講演会と町民大会は向島《ほうじま》の劇場朝日座で開催された。南海部郡町村長会長野村一也が開会の辞を述べた後、郷田兼安が講演を行った。その後町民大会では「国民精神の緊張に務め」、「満蒙（満州と内蒙古）諸案件の解決」や「有力なる軍隊の増援をなし帝国自衛権の積極的行使」を支援するという内容の決議を朗読して散会した（大分一九三一・一二・一四）。

大分県内では国防思想普及に関連する講演会は、大分連隊が置かれた大分市を中心に開催されていた。一九三二年一月二七日には、県公会堂において、大分新聞社の主催により、豊後森藩一〇代藩主久留島通容《くるしまみちたか》の孫で、「日本のアンデルセン」と呼ばれた久留島武彦《たけひこ》が、「最近見て来た満蒙の話」という演題で講演を行った。一般市民、男女中等学校生徒などの聴衆は一五〇〇人。「開催までの序曲としてエトウ南海堂の満州流行歌や勇ましい軍歌のレコード演奏も講演にふさわしいものだけに大喝采」を博したという。久留島武彦は講演のなかで、満蒙は日本国民に必要なものであり、国民がそれに対して認識不足であると力説した。そして、「満蒙問題はいよいよこれからである。之からの責任は軍部にあらずして国民にあり。在満の軍人に非ずして諸君にありき」と述べ、聴衆（国民）が満蒙問題に関する認識を深め、問題解決を支持すべきであると唱えた。『大分新聞』（一九三二・一・二九）によると、「氏（久留島武彦）独特の巧な話術は聴衆を完全に魅了」し、「満蒙の正しき認識を与へて余すところ」がなかったという。軍は満州事変後の非常時のもとで、国民の戦時気分を高揚させるための宣伝行動を積極的に行った。その第一が、各地における軍事思想講演会の開催であり、軍は、満州の確保が重要であること、満州事変勃発の原因が中国側にあったことを強調し、中国側を罵倒《ばとう》するなどして、聴衆の戦争熱を高揚させた。

慰問金・慰問文・慰問袋

一九三一年一一月に入ると『大分新聞』には、個人や団体から県下市町村、大分連隊区司令部、婦人団体（愛国婦人会など）、日本赤十字大分支部などに贈られた金品の内容が、贈り主の名前とともに掲載された。また、同紙は県内の少年や婦人、大分県共愛会からの慰問金などの送金を美談として紙面に大きく取り上げた。なお、共愛会とは一九三一年別府市を中心に結成された県内在住の朝鮮人からなる融和団体のことである（『大分県史　近代篇Ⅳ』）。

大分連隊区司令部扱いの満州軍慰問金は、一二月七日に二五〇〇円（大分一九三一・一二・九）、一二月二二日までに四〇〇〇円に達していた（大分一九三一・一二・二四）。また、愛国婦人会大分支部が一二月二五日までに取り扱った満州派遣軍への慰問金は三五〇〇円、慰問袋は七一〇〇個余であった（大分一九三二・一二・二七）。女子青年団や県下各地の市町村に設けられた愛国婦人会が慰問袋を作り、役場や愛国婦人会大分支部を通じて満州派遣軍に発送した（大分一九三一・一二・一〇）。慰問袋とは、日本国内から戦地に出征した将兵の慰安のために作られた袋のことで、お守り、日用品、慰問状などが入っていた。このように、満州事変が勃発すると、学校・職場や地域の組織などを通じて各家庭には慰問袋の作成が割り当てられ、多くの人々が否応なく戦争に動員されていた。

南海部郡の慰問金募集の様子を見てみよう。佐伯町では一二月九日、町役場において佐伯婦人会、佐伯町男女青年団が連合協議会を開催した。その結果、一二月一五日まで各区の婦人会及び男女青年団代表者が各戸を訪問して、一戸につき慰問金「三十銭以下」を徴収することにした。慰問金が半強制的に徴収され、町民にとっては新たな負担となった。佐伯町役場には一二月一五日までに三七五円八九銭の慰問金が集まり、県を通じて軍部に届けられることになった（佐伯一九三一・一二・二〇）。南海部郡仏教連合会も一一月二九日に満州派遣軍に対する慰問金募集について協議し、一二月一〇日頃から郡内四〇か寺院が活動することになった（大分一九三一・一二・二）。その結果、一二月二三日までに七四二円余円が集まった。

県内の寺社では長久祈願祭が行われた。南海部郡仏教連合会は一一月二三日までに、満州派遣軍の将兵の安泰を祈る三万五千人分の武運長久祈願護符を発送した（佐伯一九三一・一・一）。また、一二月六日には佐伯町養賢寺本堂で、郡内寺院住職、各町村長、在郷軍人らが多数参列して、南郡仏教連合会主催の日支事変祈祷会や戦没者慰霊祭が行われた（大分一九三一・一二・八）。

「全国道府県教化連合団体」は一九三一年一二月一五日を「克己日」として、全国一斉に在満将兵慰問と軍資献金の募集を行うことにした。大分県社会課は関係団体と打合せを行い、「克己日」

に「肉なし日」「魚なし日」「禁煙日」などを設け、節約して捻出された資金を献金などに充てることにした（大分一九三一・一二・八）。佐伯町では満州派遣軍将兵慰問金を拠出するため、一二月一五日を「禁煙デー」と定め、その煙草《たばこ》代を各区長が取りまとめ、県を通じて軍に送ることになった（佐伯一九三二・一二・一三）。

「満蒙問題と国民の覚悟」

関東軍は引き続き戦域を広げ、長春（新京）・吉林・チチハル・ハルビンなどの主要都市を制圧し、柳条湖事件が起きてからわずか四か月で東三省（吉林省・黒竜江省・遼寧省）の都市と鉄道を支配下に置いた。その一方で、一九三二年一月一八日、上海で勤行をしていた日本人僧侶が、中国人に襲われ死亡する事件が起きた。ところがこの事件は、日本陸軍が列国の満州に対する注意をそらすため、中国人を買収して実行したもので、この事件がきっかけとなり日中両軍が衝突した（第一次上海事変）。陸軍は上海に兵を増派して中国軍を退却させたが、逆に、上海の権益をめぐって列国から反発を買ってしまった（日本軍は五月五日停戦協定を締結して上海から撤兵した）。そして、三月一日には関東軍が満州国を成立させた。満州国の執政は清王朝のラストエンペラー、宣統帝溥儀《ふぎ》であった（『二つの大戦』）。

これをうけて大分県では、一九三二年二月二七日、県公会堂（大分市）において県下在郷軍人分会長会議及び、堀吉彦少将（大分県出身）による国防思想普及講演会を開催した。在郷軍人分会長会議では、「満蒙既得権益の確保」、「支那軍を積極徹底的に膺懲《ようちょう》（征伐してこらしめること）」、列強からの「容喙干渉を排撃」などを内容とする宣言がなされた（大分一九三二・二・二八）。堀吉彦少将による国防普及講演会は、二月二八日に宇佐郡四日市町、三月一日に北海部郡佐賀関町、一九三二年三月四日に南海部郡佐伯町、三月六日に別府市でも開催された。

別府市の講演会は、市当局と商工会議所が協同主催して市公会堂において開催された。演題は「満蒙問題と国民の覚悟」で、堀吉彦は「中国軍は満蒙における日本の特殊権益を踏みにじっている。満蒙は国防上資源が豊富で経済上からも日本の生命線であり、これを死守するには武力にたよる以外にない。そして、『戦争なら今日を措いてない。某国との交戦も恐るゝに足らず。国民は一致団結、この困難に処し東洋の君主国たる日本永遠の大計のために一大決心をなすべき』である」と述べた（大分一九三二・三・八）。堀は、満洲権益を確保するため、聴衆（国民）に対して「膺懲」「排撃」「覚悟」などの用語を多用して、武力によって満蒙問題を解決することへの支持を訴えた。

また、大分連隊区司令部は三月一〇日の陸軍記念日に各地在郷軍人分会の申込により、県内各市郡の二一か所に講演官を派遣して、「軍事講話会」の開催を予定していた（大分一九三二・三・四）。講演会の開催場所、開催回数ともに増加している。軍は陸軍記念日や海軍記念日などを利用して講演会を積極的に開催し、中国に対して反感を呼び起こす用語を多用することにより戦時気分を高揚させ、聴衆（国民）を戦争に引き込んでいったのである。

上海派遣軍の凱旋

一九三二年五月一五日、首相官邸にいた犬養毅が、三上卓を中心とする海軍青年将校らに襲われ死亡した。現職の内閣総理大臣が海軍青年将校の一団に襲われ死に至った衝撃的事件であった（五・一五事件）。犬養内閣の後には斎藤実が大命を受け組閣した。

その頃、上海に派遣されていた第六師団第二・第三水上特務隊が、熊本の第十三連隊に帰還した。詳しい経緯は分からないが、大分県内からも将兵が水上特務隊に加わって上海に出征していた。上海に派遣されていた熊本の第六師団第二・第三水上特務隊は、同年六月七日に除隊され、除隊式の後に大分県出身の将兵二九三人が帰郷し、各地で郷土出身兵の凱旋歓迎会が催された。南海部郡からは九三人が出征しており、鉄道で佐伯駅に着くと、「当町関係者、諸官衙、学校生徒多数の出迎へにて駅頭は空前の賑ひを呈し」ており、「佐伯駅下車の四十八士は人の波を分けて駅正面に整列、武石（南海部）郡連合分会長の歓迎の辞を受けて万歳声裡に解散」した。

ある佐伯町の出征兵士は上海での経験を回想し、自らが危機的状況に置かれたことなどを語っているが、「揚子江には支那人の死体が無数に浮んでおり、私達も人殺しの操法を速成で教わりましたが、平時に考える程の恐ろしさなどは全くありません」と、常に緊張を強いられる戦場にいた影響からか、殺人に対する恐怖感が失われていた（佐伯一九三二・六・一二）。

六月一四日、佐伯町では町役場において、官民合同により地域を挙げて、同町出身「凱旋五勇士」の大歓迎会が開催された。出席者は約四〇〇人、記念品の贈呈、有志による歓迎の辞の朗読、帰還兵からの挨拶、宴会など会は盛大に実施された（佐伯一九三二・六・一九）。歓迎会は兵士であることの名誉を讃えるものでなければならず、兵士は地域の誇りであるという演出がなされていた。なお、凱旋兵士の一人は佐伯中学校に招かれ、講演を行った（佐伯一九三二・七・五）。凱旋兵士たちは軍事機密にふれない範囲で、思い思いに戦場での体験談や情報を地域の人々に伝え、戦時気分の醸成に影響を与えたに違いない。

「帝国は即時連盟を脱退すべし」

柳条湖事件勃発直後の一九三一年九月二一日、中国は日本の侵略行為を国際連盟に提訴した。国際連盟理事会はこれを議題として取り上げ、一九三二年二月に英人リットンを委員長とする調査団を中国に派遣した。すると、関東軍の主導により一九三二年三月一日に満州国の建国が宣言された。同年九月に斎藤実内閣は、満州国と日満議定書を締結して、満州国の成立を承認した。

その直後の一〇月二日に、リットン調査団の報告書が公表された。その報告書は、日本の軍事行動は自衛措置とはいえないこと、満州は中国の主権下にあることを示し、これまでの日本軍の中国における軍事行動の正当性や、満州国の建国などを否定した。

軍國氣分を唆つた
佐伯の町民大會
會衆六千餘に達し
帝國の聯盟脱退を決議す

紀元節の十一日佐伯町では小學校に於て町民大會及び酒見、鶴岡村民大會を開き六千餘人の會集を得て現下の時局に對する左記宣言決議を爲し氣勢を擧げたが正午佐伯灣に於ける第一艦隊が一齊に射ち放つた二十一發の皇禮砲の殷々たる響きと上空には四機編成の飛行機の分列式が行はれ町民の意氣は彌が上にも高まり、建設の只中にある佐伯航空隊でも此の時、桑原事務所長以下野岡山に登り萬歳が三唱され、埋つくされた十三萬餘坪の其處々々には日章旗がへんぽんとはためき佐伯灣を中心として軍國氣分を湧き立たせた

△宣言

國際聯盟は我帝國の正義を抑壓し不當の勧告をなさんとする状勢にあり吾等は東洋平和確立の爲め聯盟を即時脱退し帝國獨自の行動に出でざるべからず

△決議

一、帝國は即時聯盟を脱退すべし

鶴列席神官の儀式、玉串奉奠油布村長代理の挨拶があつて男女青年團在郷軍人分會聯合の左記宣言決議を玉ノ井分會長が朗讀萬雷の如き拍手裡に可決した續いて油布收入役の發聲にて萬歳を三唱して散會した

宣言

國防を完備し國運を進展し隣邦の親善を圖り以て東洋永遠の平和を確信するは皇祖大業の大謨にして最我が帝國萬世不易の使命なり滿蒙は於て帝國が國運を

佐伯町民大会の開催
『豊州新報』1933年2月13日

それをうけ、一九三二年一〇月二九日に日本各地の在郷軍人会支部代表、第一師団管下の本郷、麻布、甲府、千葉の各支部員など七〇〇〇人余が東京市日比谷音楽堂に集まり、対時局帝国在郷軍人会全国大会が開催された。目的は国際連盟で公表されたリットン報告書を排撃することにあった（大分一九三二・一〇・三〇）。当時、日本全

国各地でリットン報告書排撃の運動がおきていた。

大分県では一一月一五日、県公会堂でリットン報告書反対の気勢を煽る対時局県民大会が開催された。「県公会堂ホールは幾つあっても足らない始末で、全県下から集まった県民大衆、各階級を網羅する百万県民代表はまるで奔流のように会場めがけて殺到、また丶く間にホールも廊下も控室も埋めつくして入場出来ない数も夥《おびただ》しい」状態であったという。「文字通りギッシリ詰まった場内、興奮のため紅くなった顔、顔、顔、全県こぞってリットン報告書に対する憤激がいかに紅潮しているかがうかがわれる」と報じられた（大分一九三二・一一・一六）。

一九三三年二月一一日、南海部郡では佐伯町、直見村、鶴岡村において町村民大会が開催された。「国際連盟は我帝国の正義を抑圧し不当の勧告をなさんとする状勢にあり吾等は東洋平和確立の為め連盟を即時脱退し帝国独自の行動に出でさるべからず」と宣言し、満場一致で「帝国は即時連盟を脱退すべし」と決議した（佐伯一九三三・二・一二）。

慰問袋が減った

満州事変が勃発して、郷土の大分連隊から満州に部隊が派遣されると戦時気分は高揚したが、それが長く維持されたかというと、必ずしもそうではなかった。一九三二年九月一六日に大分連隊区司令官は、「満州事変勃発一周年記念日に方《あた》り管下在郷軍人各位に告ぐ」という印刷物を県下在郷軍人連合分会及び分会に発送した。そのなかで、同司令官は「満州事変勃発した直後は、在郷軍人たちが東奔西走して国民に満蒙（満洲と内蒙古）が国防と国民生活にとって重要地域であることを認識させたが、上海事変が終熄した後最高潮に達した国民精神は元の眠りに就いてしまった」と歎いている（大分一九三二・九・一七）。

それを裏付けるかのように、『大分新聞』（一九三二・一一・二〇）は「急に減少した慰問袋は近頃では一ヶ月にやっと一個位しか将士の手に渡らない。陸軍省では、この忘れられようとしている第一線の将士に対し、近づいた正月の喜びを分つために正月慰問袋を作製中だ」と、一九三二年一一月頃には、満州派遣軍へ送られる慰問袋の数が急激に減った様子を伝えた。そして、満洲で正月を迎える日本将兵に渡される慰問袋を作製していたのは、出征兵士を見送った人々ではなく陸軍省だった。満州事変が勃発した頃に比べて、人々の戦時気分の熱が冷めていたのは確かなようである。人の心は熱しやすく冷めやすい。国民の多くは自らの意志で積極的に政府の外交政策を支持するわけでもなく、また批判するわけでもなかった。必ずしも皆が熱狂的に満州事変を見ていたわけではなかった。なかには冷めた眼差しで傍観していた人もいたのである。

「我が常岡部隊の戦死傷者三十名」

一九三二年一二月六日に熊本の第六師団に満州への出動命令が下った。第六師団に属する大分連隊は一二月一五日午後一〇時五〇分と、一一時四〇分の大分駅発臨時列車で出発して門司に向かうことになっていた。大分駅から門司駅までの各駅通過時刻が『大分新聞』に掲載された。

一二月一五日に大分連隊（歩兵第四七連隊）、一六日に都城の第二三連隊が列車で別府を通過するので、別府市は両日とも市内各戸は国旗を掲揚し、一戸一人が駅に出向いて歓送迎することにした。

午後一一時に別府の人々は別府駅、浜脇の人々は浜脇駅にそれぞれ集まり、歩兵第二三連隊に対しては一六日午後一一時四〇分に集まることが決められていた。当日、別府市内の各小学校五年生以上の児童も、それぞれ提灯及び国旗を持ち、一般の人々とともに各部隊を歓送迎することになっていた。中津市では一六日午前二時頃、大分連隊満州派遣部隊を乗せた列車が中津駅を通過する際に、酒、おでん、パンなどを準備して歓送迎することにした。大分県内の地域住民、児童生徒は市町村当局から指示された割当に従い、郷土兵士を駅で快く迎え、できる限り盛大な方法で戦場へと送り出していた。

大分連隊満州派遣部隊は一九三二年一二月二一日に吉林省敦化に到着し、極寒のなか、同所で鉄道警備に当たっていた(『郷土部隊奮戦史二』)。大分連隊の将兵が出動すると、新聞紙面の構成が大きく変化した。大分新聞社、豊州新報社ともに従軍記者を満洲に派遣し、大見出しで大分連隊長常岡寛治率いる派遣部隊の活躍を讃える記事を掲載するようになった。また、豊州新報社の社員は、同部隊の将兵の留守宅を訪問して取材し、「北満の極寒に闘ふ勇士」と題して、将兵の顔写真とともに、将兵に対する親族の思いなどを掲載した。

一九三三年二月一八日に、大分連隊満州派遣部隊は熱河への出動が命じられた。一九三三年二月二二日『豊州新報』は「愈《いよいよ》よ大分部隊、〇〇総攻撃に参加す、〇〇方面に主力をあつむ。近く大快報来らん」と大きく報じた。次第に戦闘が激化し一九三二年三月八日に同部隊から最初の負傷者が出て、その後も戦死傷者が続出し、兵士の氏名を写真入りで報じた。大分連隊の満州派遣部隊は四月に万里の長城付近にまで進出し、中国側との戦闘が更に激化すると、さらに戦死者が続出した。

五月一日には大分連隊の練兵場に斎場が設置され、大分連隊満州派遣部隊の戦死者一二人が祀られ、大分県招魂祭が挙行された。激戦が続くなかで、五月一三日『大分新聞』は、「我が常岡部隊の戦死傷者三十名」と伝え、その報を受けた大分留守部隊には緊張が走り、安否を気遣う同部隊将兵の親族の様子が掲載された。その後、日本軍が攻勢を強めると、中国軍は停戦を求め、五月三一日に塘沽《タンクー》停戦協定が調印された。大分連隊満州派遣部隊はこの後も錦州を拠点に周辺警備の任務を担っていた。大分連隊満州派遣部隊に関する新聞報道は、大分県民の心を強く引きつけた。

「銃後の熱意」

一九三二年一二月に大分連隊満州派遣部隊が出動すると、さっそく県下の各市町村の主催により武運長久祈願祭が挙行され、大分連隊満州派遣部隊の将兵に対する慰問金品が次々と大分連隊区司令部に寄せられた。地元出身者が属する郷土連隊の出動であったがために、将兵に対する思いも深く、行政側、県民ともに対応は速かった。

大分市は一九三二年一二月二七日に在郷軍人会連合分会、商工会議所、市連合青年団、神職会、仏教連合会、市連合婦人会などの代表を集めて、銃後の援助に関する協議を行った。その結果、大分連隊に対する武運長久祈願祭、慰問品募集、慰問状の発送、将兵留守宅の慰問などを行うことになった（大分一九三二・一二・二九）。大分市の武運長久祈願祭は一九三三年一月一一日、春日神社で五〇〇〇人余りが参列して挙行された（大分一九三三・一・一二）。

佐伯地方では町村や青年団が中心となり、銃後の活動を行った。一月二日に鶴岡村長は村内出征軍人の家族を慰問し、後日、同村青年団は出征軍人の武運長久祈願のため尺間神社を参拝することになっていた。明治村では一月四日に村内の愛宕《あたご》神社に村民三〇〇余人（当時の村人口は約三〇〇〇人）が集まり、武運長久祈願祭を挙行した（佐伯一九三三・一・八）。佐伯町青年団港町支部は、大分連隊満州派遣部隊に対する慰問金五〇円を、町役場経由で大分連隊区司令部に送付した（佐伯一九三三・一・二五）。佐伯町青年支部長会は一月二六日に町役場で協議を行い、男子青年団が各戸から金銭を集め、女子青年団が慰問品購入と袋作製（袋を解けば褌《ふんどし》になるように仕立てる）をすることになった（佐伯一九三三・一・二九）。このように市町村、諸団体ごとに様々な銃後の支援が行われていた。

そこで、県は一九三三年一月二八日、満州派遣将兵に対する銃後の支援を統一するため、大分県後援会規則を制定し市町村長に通達した（大分一九三三・一・二九）。大分県後援会の事務所を大分県社寺兵事課内に置き、会長は県知事、委員は各団体の代表が務め、同会の事業は二ヶ年にわたり行うことにした。事業内容は慰問金の募集、慰問状の発送、派遣軍人遺家族の慰問、戦病死者への弔慰、武運長久祈願祭の挙行などであった。慰問袋は一個五〇銭を標準とし、慰問袋の中に入れる物品は手拭い、ハンカチ、白木綿、半紙、歯磨、小雑誌、絵葉書、便箋紙、状袋（手紙や書類などを入れる紙の袋）、真綿、手袋、猿股、褌、胴巻、薬（仁丹）、慰問激励の書画などに制限された。

新聞の威力

一九三三年九月一九日、『大分新聞』は大分連隊満州派遣部隊が、九月二七日に羽後丸で大連を発ち、一〇月二日大分港に凱旋する予定であると伝えた。九月二五日に大分連隊区司令部、憲兵分隊、衛戍病院、県、市、在郷軍人連合分会、留守部隊の代表者は連隊将校集会所に集合し、一〇月二～六日までの四日間、凱旋歓迎会を大々的に開催することを決定した。

『大分新聞』は同部隊が凱旋する一週間前の九月二四日から、歓迎気分を盛り上げる紙面作りを始めた。「輝かしい郷土軍奮戦の跡」という見出しを大きく掲げ、一三枚の大分連隊満州派遣部隊将兵の写真を掲載し、その功績を讃えた。また、「凱旋の勇士に捧ぐ県下女学生、小学生の歓迎文」という特集を掲載した。女学生の歓迎文の題名は「姿なき勇士へ感謝」、「喜びに充ちて」、「何たる光栄ぞ」、「人類のため欣快」、「ただ感激で一杯」、「朗らかなこの日よ」、「我戦史を飾るもの」、「高鳴る乙女の胸」、「誇れ、輝やく九州男児の勲」など内容は郷土部隊の将兵を讃えるものであった。小学生の題名は「とても嬉しいよ」、「待たれる軍靴高鳴る日」、「聞きたい武勇伝」、「待ち遠しい日々」、「指折り数へて」、「僕等も正義の下で」、「日やけしたお顔を早く見せて下さい」などの歓迎文で、同部隊の歓迎ムードを高めようとするものであった。さらに『大分新聞』は県下各男子中等学校に「勇士慰霊文」を依頼し、二一の慰霊文を一〇月一日付号外に掲載した。

一〇月二日『大分新聞』朝刊第一面では大きく紙面を割いて、大分連隊満洲派遣部隊の凱旋に関する記事を掲載した。「二日朝羽後丸で大分港へ」「懐かしの母隊に復員」、「戦塵を洗ひ落し検疫無事終る」、「微笑ましい国への土産」などの見出しが紙面を飾った。

大分新聞社は歓迎飛行、歓迎船の特別仕立、大分連隊凱旋歓迎歌の作成、歓迎号の贈呈、拡声器による放送、凱旋将兵歓迎大学芸会などを計画するなど、同社の「全機能を総動員」して郷土連隊の凱旋歓迎行事を全面的に支援した。「我常岡部隊晴れの凱旋を挙《こぞ》って迎へましょう」と紙面で呼びかけていた。各新聞社の紙面作りは、軍部の意向に沿うものであった。

凱旋歓迎会当日は、「渦巻く歓喜！！我らの郷土軍凱旋、秋陽輝かに照り映《は》ゆる英姿よ、百万県民の熱狂的歓迎、大分港頭の劇的シーン」と大きく取りあげ、『大分新聞』は県内各地での凱旋歓迎の様子を大きく伝えた。大分市では、多くの人々が大分連隊満州派遣部隊の凱旋を歓迎した。『大分新聞』は「人出まさに十万」と伝えた（大分一九三三・一〇・三）。郷土連隊が地域民の戦争熱を高揚させる力は大きかったが、それを伝える新聞の威力も強かった。

忠魂碑の建設

佐伯町では一九三二年五月二七日の海軍記念日に、同町在郷軍人分会の座談会で忠魂碑の建設が議題に取り上げられた（佐伯一九三二・五・二九）。佐伯町在郷軍人分会が中心となり、一九三三年に忠魂碑の建設にとりかかり、一九三四年に養賢寺（旧佐伯藩主毛利家の菩提寺）前に工費六〇〇〇円をかけて建設され、同年九月二四日に完成除幕式が挙行された。『佐伯新聞』（一九三三・一〇・八）に掲載された設計図によると、その高さは、土台部分から真鍮《しんちゅう》製の大砲弾の頂点まで三九尺四寸（約一二m）、大砲弾の高さは約四mもあった。台座の「忠魂碑」の文字は豊後高田市出身の南次郎陸軍大将の揮毫である。佐伯町馬場に慰霊の空間が設けられた。

忠魂碑が完成すると、満州事変勃発四周記念日にあたる一九三五年九月一八日に、その前で在郷軍人、諸官衙、婦人団体、青年団、学校等の協同主催により記念式が挙行された。記念講演等が行われ式終了後に、特別行事として中学生、青年学校生徒連合の発火演習（空砲を用いた軍事教練）や、

佐伯町の忠魂碑　佐伯市教育委員会所蔵

各団体の分列行進が行われた。満州事変の勃発と、その後の戦時気分が高まるなかで、佐伯町に忠魂碑が建設された。以後、招魂祭などの儀式や記念祭は忠魂碑の前で行われるようになった。人々は、敬意をもって英霊に哀悼の意を捧げる。その空間は、慰霊の場であり、国民統合の場となった。

忠魂碑とは、戦没者を英霊として顕彰し祀った宗教施設のことである。集合的な慰霊碑は西南戦争、日清戦争の頃から建てられたが、その数は戦病死者の数に比例しており、日清戦争の忠魂碑は数少ない。日露戦争後には、戦死者を祀るために、次第に各地で忠魂碑が建てられるようになった。佐伯市小野市地区の中津留椿原には、日清戦争忠魂碑と日露戦役忠魂碑があり、前者は明治三〇年、後者は同三九年に建設された。そして、戦前においては、毎年奉天会戦で勝利した三月一〇日の陸軍記念日に招魂祭を行い、在郷軍人・学校職員・児童・村民が奉拝していたという。

なお、終戦後にGHQは忠魂碑が軍国主義の現れとし、多くの忠魂碑が撤去された。佐伯町の忠魂碑も、台座の文字が「忠魂碑」から「慈眼視衆生」へ改められ、上部は大砲弾から観音像へ作りかえられた。

第三章　佐伯町のインフラ整備

佐伯海軍航空隊の設置にともない、佐伯町には多くの労働者などが流入し人口が増加した。満州事変、そして昭和恐慌という非常時のもとで、住宅建設、道路や上水道の整備、娯楽施設の建設、小学校の新設などが進められた。

佐伯町の人口増加

一九二〇年現在、佐伯町の人口は九七六四人（二一三七戸）であった。佐伯町では、一九二〇～二五年に人口一二八二人（二七九戸）が増加、同じく一九二五～三〇年に八九七人（一二三戸）が増加している。佐伯海軍航空隊が開隊する一九三四年を含む一九三〇～三五年には三五五五人（六八二戸）が増加した。

佐伯海軍航空隊の設置が佐伯町に決定した翌月の一九三一年九月以降、佐伯小学校へ転入学する児童が急増していた。児童は、満州、大阪府・広島県呉・福岡県・宮崎県など西日本各地の府県、大分県内の西国東郡・中津市・佐賀関町、南海部郡東中浦村などから転入学していた（佐伯一九三一・九・二七）。このなかには佐伯海軍航空隊の施設建設工事に関係する労働者の子弟などが多く含まれていた。同隊の建設工事にともない町外から多くの労働者が佐伯町内に流入していたことが分かる。

これに対して、佐伯小学校は学級数を増やすことにより、二〇〇名程度の児童を受け入れることが可能であるとしている。しかし、『佐伯新聞』（一九三一・九・二七）は転入生の増加が更に続くと見ており、小学校の新設が喫緊の課題であると指摘している。

住宅の不足

佐伯海軍航空隊の設置に関係して佐伯町に流入する労働者、また同隊の将兵に提供する住宅の建設供給が急務となった。佐伯町の急激な人口増加は住宅の不足をもたらしており、特に、海軍航空隊の将兵が居住する住宅などの確保は喫緊の課題であった。佐伯町では一九三二年頃から住宅の新築ブームが起きていた。佐伯町は、「海軍航空隊設置によって日々膨脹する当町の殊に新市街地の発展ぶりは目覚しきものがある。本年（一九三二年）四月から十一月末日までに新築された家屋は町内に五十四軒で向島《ほうじま》、中村外、長島、駅前等に多く、又現在建築中のものも約三十軒ありて三日に一軒の割合で家屋の増築を見ている」という（佐伯一九三二・一二・一二）。

佐伯町市街地周辺の向島・中村外・長島と、佐伯駅前での住宅新築が盛んであったことが報じられている。しかし、一九三四年二月現在においても住宅の需要を満たしていなかったという（佐伯一九三四・二・二五）。大工職人も人手不足の状態で、南海部郡内の約一〇〇〇人の大工は一人として職を失う者がなく、大工の賃金（日当）も一円七〇銭から盆明けには二円（現在の約六〇〇〇円）に上がることが予想されていた（佐伯一九三四・七・二九）。全国の地方都市が昭和恐慌の影響で苦境に立たされるなかで、佐伯地方では航空隊設置によって新たな需要が生み出されていた。

佐伯海軍航空隊の開隊（一九三四年二月一五日）を前にして、一九三四年一月二五日に同隊の布村主計中尉らは町役場を訪れ、町内あるいは町周辺で一室六畳程度の部屋を求めて海兵の下宿の斡旋を依頼した（佐伯一九三四・一・二八）。また、佐伯海軍航空隊設営隊の下士官の一〇家族は適切な住宅が見つからなかったので、とりあえず町営住宅五戸に各戸二家族が宿泊することになった。町当局は「来月（二月）十五日の開隊式を目前に控へて、続々乗込むであらう下士、士官の住宅の斡旋について腐心しているが、当町では現在中流向きの貸家は全然ない有様で当局もほとほと困惑」していた（佐伯一九三四・一・二八）。しかし、一九三五年においても、「佐伯航空隊では最近士官、准士官が続々着任しつつあるが、市内に適当な借家が皆無の有様で、新任士官連は困惑している（佐伯一九三五・一〇・二七）」という状態で、住宅不足の問題は解消していなかった。

一九三六年に佐伯海軍航空隊副官佐野重士は、貸家の不足、また貸家の間取りの悪さに不満を述べ、士官と見るや家賃を値上げするというようなことが起きていることを問題視していた（佐伯一九三六・一二・一三）。一九三六年においても、佐伯町の住宅不足は解決の見通しがたっていなかった。

幹線道路の建設

佐伯海軍航空隊の設置が決まると、佐伯町の中心市街地と佐伯海軍航空隊を結ぶ幹線道路の建設が必要となった。一九三一年一〇月二〇日に、上水道敷設に関わる水道委員一一人とともに道路委員一一人が選ばれた（佐伯一九三一・一〇・二五）。

幹線道路のルートに関しては、道路委員の間で通過点などをめぐり様々な意見が交わされ、同委員会では妥協点を探った。最終的に、佐伯駅前の海軍橋（現陸運橋）西側から長島川を国道に並行して、佐伯高等女学校の東側を経て住吉に至るルートに決定した。その全長は約一四〇〇間（二五二〇m）で総工費は二四万円であった。その頃、佐伯町は上水道敷設や佐伯東小学校の建設などの公共事業が続いて財源難であったため、資本家の出資による幹線道路の建設を目論んでいた。一九三五年一一月に佐伯町は、北海部郡佐賀関町（大分市）の木村栄一との交渉により出資の条件が整った。木村栄一が工事を請け負い、そのもとで佐伯町の金田長太郎が城東橋以西を五万円で、上浦町の児玉秀雄が海軍橋までを一〇万円で下請けすることになった。

一九三六年二月一日に着工し、海軍橋以南の長島川左岸を埋め立て、幹線道路の敷地とした。海軍橋より高等女学校までの道路の幅は八間（一四・四m）、諸木橋から万年橋（諸木橋は神明神社付近、万年橋は住吉神社付近にあったが両橋とも川の埋立により現存しない）までの道路の幅は六間（一〇・八m）で建設された。埋立総面積は三万一〇〇〇坪で、そのうち九五〇〇坪を町有地とし、残り二万一五〇〇坪を工事費用の代償として工事請負者木村栄一に提供した。（佐伯一九三六・一一・八）。

その結果、幹線道路沿いに二万坪を超える宅地が造成された。一九三八年八月には幹線道路はほぼ完成し、佐伯町の中心市街地から佐伯海軍航空隊までが道路で結ばれることになった。

また、幹線道路の建設と並行して、佐伯町の中心市街地から佐伯駅にかけての道路、佐伯町中心街の道路のコンクリート舗装が行われた。

上水道の整備

佐伯町では近代に入っても、多くの人々が井戸水を使用しており、日常必要な水量は不足し、衛生上においても問題があった。佐伯町ではしばしば火災が起き、伝染病も発生しており、安全で豊富な水の確保が必要であった。大分県内では、一九一七年に別府町、一九二七年に大分市、一九二八年に中津町（一九二九年に市制施行）がすでに上水道を敷設しており、佐伯町でも上水道敷設の機運が起きた。

水道管敷設工事　佐伯市教育委員会所蔵

佐伯町は、一九三〇年五月、町会議員三人に中津市の市設水道を視察させ、専門家を招いて水源地の調査を行い、町設水道施設の敷設を計画した。一九三一年一〇月に、上下水道委員一一人を選定し、一九三二年一月、上下水道委員会において、上水道敷設を一九三二、三三年両年度継続事業として実施することを決定した。一九三二年三月上水道施設計画が完成し、佐伯町は上水道敷設の認可と起債の許可を国に申請した。同年七月に許可を受け、佐伯町に水道部が新設され、臨時水道部長を高司正直助役が兼任し、上水道工事に着手することになった。

一九三一年八月に、佐伯町への海軍航空隊の設置が正式決定されると、同隊に衛生的な水を供給する上水道設備の整備は緊急の課題となった。しかし、上水道設備の敷設に関して、佐伯町と海軍側の思惑が異なっていた。佐伯町は海軍との協同による上水道施設の敷設を考えていたが、海軍側は単独で上水道施設を敷設する計画を作成して予算を組んでいた。そこで、佐伯町は海軍側に対して、町が上水道施設を敷設した場合に、海軍は佐伯町から一日三〇〇ｔの給水を受けてその料金を支払うか、もしくは給水の料金を無料とする代わりに施設建設の工費の一部を負担するかを問い合わせた。すると海軍側は、最初、前者の三〇〇ｔの給水を希望するとの返答をしていたが（佐伯一九三一・一一・二二）、一九三二年一月に、佐伯町は海軍側から、佐伯海軍航空隊の上水道は軍事上の立場から専用水道にすることを突然伝えられた（佐伯一九三二・一・三一）。

一九三二年八月に佐伯海軍航空隊は同隊水道敷地として、佐伯町内に面積二七一二坪を二六七一円余りで、南海部郡鶴岡村に一九九九坪を二四七五円余りで購入した（ＪＡＣＡＲ⑾）。そして、一九三四年の佐伯海軍航空隊の開隊に向けて、同隊専用の上水道の敷設工事が行われた。水源地は佐伯町上水道水源地の北一二〇ｍの地点に設けられた井戸で、地下水を送水管四九一〇ｍで濃霞山配水池に送水した。

結局佐伯町と佐伯海軍航空隊は、それぞれ上水道施設を敷設することになった。しかし、同航空隊の設置が佐伯町の上水道施設の敷設を促進させたことは間違いない。

一九三二年一〇月二六日に、水源地である鶴岡村上岡土器屋《どけや》で佐伯町の上水道起工式が挙行された。ポンプ場および浄水場は鶴岡村鶴望《つるみ》に、配水池は佐伯町城山に建設された。配水池から大手前、佐伯駅、葛港までのび、さらに、この間の地域に配水管を敷設していった。配水管敷設工事は一九三二年一二月から始め、一九三三年八月二一日には通水を始めた（佐伯一九三三・八・二七）。そして、予定より早く一九三三年一一月一五日工事が完了した。鉄管敷設の総延長は、二万八一〇〇mであった。

常設活動写真館

日本で初めて映画が上映されたのは、一八九六年のことである。佐伯地方では、一九二二年に佐伯町新道通りに常設活動写真館である佐伯館が開館していたが、一九三一年までには、すでに新たな常設活動写真館を開設する話が持ち上がっていた。そこに、海軍航空隊の設置内定の話が広まり、船頭町に新たな活動写真館を新設する具体的な計画が進められた。そして、七月二日に常設活動写真館「住吉館」を新設することが決定された（佐伯一九三一・七・五）。

話し合いの結果、船頭町の商工業者を株主として、資本金一万三〇〇〇円で株式会社を設立し、池船町本丁の金物店屋敷跡に活動写真館を建設することになった。敷地一三〇坪、建坪七七坪の二階建て、特等席四〇、一等席二一〇、三等席三五〇、収容人数は六〇〇人。「航空隊設置後

表２　佐伯小学校（尋常科）の児童数

	学級数(a)	全校児童数(b)	比率	(b)/(a)
1929年	27	1297	100	48.0
1930年	28	1334	102.9	47.6
1931年	28	1513	116.7	54.0
1932年	31	1572	121.2	50.7
1933年	31	1675	129.1	54.0
1934年	32	1658	127.8	51.8

「佐伯小学校沿革誌」より

の佐伯町に恥かしくないモダンなものとする計画」であった（佐伯一九三二・八・二三）。一九三一年九月には活動写真館の建設に着工していたと考えられ、一二月二八日に落成式が行われた。そして、松竹と新興キネマの両社から配給を受けて翌二九日に営業を始めたのである。一九三一年における佐伯町の活動写真館への入場者は二二万四一三〇人。一九三〇年現在の佐伯町の人口は約一万二〇〇〇人。佐伯町の人々が一年間に約一九回活動写真館に入場した計算になる。その頃、映画は人々にとって最大の娯楽であったと言える。佐伯警察署の調査によれば、佐伯町における活動写真館への総入場料は六万二四三五円五〇銭で、そのうち佐伯館が五万六六〇〇余円を売り上げていた（佐伯一九三二・一・一七）。この佐伯館の他に、海軍航空隊設置にあわせて、新たに住吉館が一九三一年一二月末に開業したのである。

佐伯東小学校の新設

佐伯海軍航空隊の開隊に向けて、佐伯町には多くの人々が流入し、佐伯小学校の児童数は増加の一途をたどった。当時、佐伯町の多くの児童は、佐伯城山の東側にある佐伯小学校に通っていた。同校では、佐伯海軍航空隊の設置が決定した以後の一九三一年九月一日から同年一二月末までに一〇一名、さらに一九三二年一月一二日までに二一名の児童が転入し、一教室に六〇名以上を収容する学級も多かった。佐伯町内では学校新設の声が次第に強くなった（佐伯一九三二・一・一七）。

表2は一九二九〜三四年の佐伯小学校の学級数と児童数を示したものである。同校では一九二九年に二七学級、全校児童一二九七人、一学級当たりの平均児童数は四八人であった。海軍航空隊の設置が決まった一九三二年には二八学級、全校児童一五一三人、一学級当たりの平均児童数は五四人となった。一九二九年の同校の全校児童数を比率一〇〇とすると、一九三四年には同比率が一二七・八となり、五年間で全校の児童数が二八％増加しており、全校児童数が同校の児童収容可能人数を超えていたのである。そこで、佐伯町は、一九三五年佐伯町常磐《ときわ》区一八四〇番地に、佐伯東小学校を新設する計画を立てた。

総工費一〇万三〇〇〇円で、そのうち基礎工事、建築工事は佐伯町の村上組が約六万円で請け負った。一九三四年九月から工事をはじめ、一九三五年五月末までには教室のほとんどが竣工した。一九三五年六月三日に佐伯小学校の校庭において、新築された佐伯東小学校に向かう生徒に対する決別式が行われた。佐伯小学校区のうち、馬場通り以東を佐伯東小学校の校区と定め、六月三日から六八二人が一三学級に分かれて授業を開始した（佐伯一九三五・六・九）。

佐伯港の整備

佐伯市街地は、長島川によって佐伯湾とつながり、その長島川河口西側に佐伯港が整備された。佐伯湾に面する一角に埠頭が築かれ、葛港と名付け、一八八三年九月には葛港開設の大祝典が挙行された。一八八五年には、大阪商船株式会社（現商船三井）が内海航路営業を始め、葛港に寄港するようになった。一八九二年、佐伯町の実業家である月本小策《つきもとこさく》は、葛港の海面八〇〇坪を埋め立てて月本回漕店《かいそう》を設立し、大阪商船の代理店をつとめ、葛港において移出入する物資の運送や乗船客の切符販売などを取り扱った。一九二〇年四月に佐伯土地株式会社は、港町地区の一角にある旧佐伯藩所有の塩田二万坪を購入し、一九二一年五月から埋め立て工事に着手し、同地区の区画を整備した。さらに、港区土地株式会社をも設立し、佐伯港に面する数千坪の土地を買入れ、埋め立て工事を行った。

一九二八年に、町は佐伯港の漁港整備の名目で、佐伯町支出一〇万円と農林省からの補助金二万円余で、湾の埋立や浚渫《しゅんせつ》を行う計画を立てた。佐伯町は樹村圓治《きむらえんじ》と埋め立て工事を契約したが、町は財政難のため工費を負担することができなかったため、その代償として樹村組に荷上場道路部分を除く埋立地約八〇〇〇千坪と、農林省からの補助金を与えた。一九三一年五月、樹村圓治は一〇万円をかけ、町から譲り受けた埋立地に五六戸の建物を造り落成式を行った（佐伯一九三一・五・一〇）。

佐伯町は経済発展を遂げるためには、さらなる港湾の整備が必要であると考えていた。世界恐慌の影響により日本国内で起きていた不況のもと、町は一九三四～三八年にかけて、国庫補助を受け、時局匡救《きょうきゅう》事業として佐伯港の大規模な整備を行う計画を立てた。総工費は三二万円（埋立費を除く）で、内訳は国庫補助一四万円、県費九万円、町費九万円などで賄うことになっていた（鶴谷佐藤蔵太郎旧蔵資料一〇三）。

ところが、この計画に対して、佐伯海軍航空隊が反対をとなえた。同隊は反対理由として、佐伯港の整備により港の防波堤が航空隊の専用海面に近くなり、軍事機密の保護、飛行訓練に支障が出ることをあげたが、理由はその他にもあった。それは、佐伯海軍航空隊に対して連絡なしに工事に着手したからである。町に対する不信感によるものであった（JACAR⑿）。

この問題が解決するまで、佐伯町は佐伯港の整備工事を中断したが、結局、佐伯海軍航空隊は条件つきで佐伯港改修を認めることになった。その条件とは、船舶は大入島の北西から佐伯港に入港すること、また、船舶を港外に繋留させることであった。両者の対立はようやく解消し、佐伯町は初期の計画通り大規模な佐伯港の整備に着手することになった。

海軍航空隊の誘致は佐伯町発展につながると考えられたが、このように経済活動が制限されることもあり、佐伯海軍航空隊が佐伯町に必ずしも夢ばかりを与える存在ではなかったことが分かる。

第四章　佐伯海軍航空隊の施設建設

一九三一年八月、佐伯町に海軍航空隊の設置が正式決定されると、さっそく呉海軍建築部は同隊の施設建設に着手した。建設工事費用は四五〇万円を要する大事業と言われ、その価格は米価を基準にすると、現在の約一〇〇億円に相当する。航空戦力の増強をめざし、当初、海軍は庁舎等の完成予定を一九三八年としていたが、満州事変の影響でその時期は早まり、一九三四年に前倒しされた。非常時のもとで、急ピッチで佐伯海軍航空隊の施設建設が進められた。施設建設の請負業者決定には大企業による指名競争入札が実施され、清水組、鉄道工業（現存せず）、阪神築港（現東洋建設）、梅林組などが落札した。阪神築港や梅林組は、この佐伯海軍航空隊の建設に関わることにより、建設会社としての基礎を築いたという。軍事施設の建設工事などを請け負うことを足がかりにして発展した企業は多かった。

海軍航空隊佐伯建設事務所の設置

佐伯町に海軍航空隊の設置が決定された翌月、一九三一年九月に呉海軍建築部は、技手・技術員など七名を佐伯町に先遣隊として派遣し、町役場内に仮事務所を設け航空隊設置の準備を進めた。主任技手は桑原芳樹であった。同建築部は、海軍航空隊佐伯建設事務所の建設を請け負う業者選定の入札を行い、これを梅林組（現梅林建設）が落札して建設を始めた（佐伯一九三一・九・六）。そして、同年一一月には同事務所が竣工し、呉鎮守府建築部は本格的に業務を始めた（佐伯一九三一・一一・一五）。

なお、梅林組は、現在、梅林建設として大分市に本社を置く大分県内有数の総合建設会社である。創業者は、一八七九年福岡県築上郡吉富町に生まれた梅林宇十郎である。宇十郎は少年の頃に大工見習となり、のち土木建築請負業の道を歩んだ。一九〇二年に京都府の舞鶴鉄道福知山建築事務所の建設を請け負い、これを手始めに、古川組の下請として山陽線や山陰線の鉄道関連の工事を請け負った。また、一九〇七年に設立された鉄道工業合資会社（以下、鉄道工業）の下請として鉄道関連の工事を請け負った。鉄道工業は、菅原恒覧や古川久吉、星野鏡三郎らが中心となって設立された会社で、宇十郎は大正期（一九一二〜一九二六）に同社の下請として、福島県や房総半島での鉄道関連の土木工事を、一九二七年には群馬水電松谷発電所の建設工事を請け負った。大分県内では、日豊本線佐伯—延岡間や、久大本線小野屋—天瀬間の鉄道工事に携わり、一九三一年には梅林組を発足させ、大分市に本社を置いた。梅林組は佐伯海軍航空隊の関連工事において、佐伯海軍航空隊建設事務所のほか、海軍橋（現陸運橋）などの建設工事を指名競争入札で落札していた。梅林組にとっ

図7　軍事施設の位置図
『佐伯市戦争遺跡　濃霞山 - 長島山 - 興人』より（一部加筆）

て、佐伯海軍航空隊の施設建設工事が本格的建設事業への参入の第一歩となっていた（『梅林建設百年史』）。軍事施設の建設による利益が企業の飛躍につながっていたことが分かる。

水上飛行場（長島北側）の埋立工事

一九三一年一〇月には佐伯海軍航空隊の施設建設の第一段階とされる、女島および長島の飛行場用地埋立の捨石工事を始めることになった。呉海軍建築部は工事請負業者を決めるため、九者による指名競争入札を行った。指名された請負業者は、大倉組・清水組・鉄道工業・間《はざま》組・飛島組・大林組・水野組・大分工業・梅林組で（佐伯一九三一・一〇・二八）、入札の結果、鉄道工業が四万四七〇〇円で落札した。その価格は「予想外の安値に同業者は何れも驚いて」いたという（佐伯一九三一・一〇・二五）。

鉄道工業の請負により、長島および濃霞山の北側の水上飛行場用地の捨石護岸工事は着々と進み、一九三二年二月には大入島側に向かって突堤のように約一間半（二・七m）の護岸がほとんどできあがった（佐伯一九三二・二・七）。なお、捨石護岸工事とは、水面を埋め立てる際に、護岸の根固めや洗掘を防止するために用いる工法である。鉄道工業は長島の水上飛行場用地の一部埋立も三万二〇〇〇円で落札し、一九三二年六月にはすでに埋立工事に着工していた（佐伯一九三二・六・五）。

陸上飛行場（女島側）の埋立工事

一九三二年六月一一日に、呉海軍建築部が女島の陸上飛行場の全部と、長島の海上飛行場の残部の埋立工事の入札を行った。その結果、阪神築港（株）（現東洋建設（株））が四三万円で落札した（佐伯一九三二・六・一九）。佐伯海軍航空隊の敷地約三六万坪を埋め立てる工事で、同社は神戸から一千馬力のサンドポンプ船「鳴尾丸」を佐伯湾に廻航させた。サンドポンプ船とは、埋立に必要な土砂を海底から吸い上げるポンプを備え付けた船のことである。『佐伯新聞』（一九三二・九・一八）は、「四国の空の夏雲にサンドポンプの水煙が遙かにけ上がっている。ダイナマイトの音、岩の崩れ落ちる音、小さい機関車がトロッコを十二台もひっぱって走る音。海を堀上げ山を打壊した土砂が着々と埋立を進めてゆく、大飛行場工事の展望である」と伝えている。埋立には海底の土砂ばかりでなく、ダイナマイトで山岩を砕いた小石なども利用されていた。阪神築港（株）による佐伯海軍航空隊の埋立工事は順調に進み、一九三三年一二月七日に埋立の竣工式が催された。ただし、女島の陸上飛

陸上飛行場の埋立風景（女島）
『阪神築港三十年史』より

行場の竣工は一九三五年三月一五日（豊州一九三五・三・一八）で、同年五月二〇日から陸上機が試験飛行を始めた（佐伯一九三五・五・二六）。なお、『阪神築港三十年史』は、同社が請け負った埋立面積を長島側二〇万坪、女島側三〇万坪、計五〇万坪としている。佐伯海軍航空隊の工事は「甚大な競争裡にこれを獲得した外、準備工事に諸多の努力を重ねたが、当時としては予想外の利益を挙げることができた。請負業開始以来初めての好成績を挙げたこととてこれを喜び、竣工時には佐伯町の芸者を総揚げして盛大な祝宴を」張ったという。阪神築港（株）の初代社長は、山下汽船（現商船三井）の創業者、山下亀三郎であった。阪神築港（株）は梅林組と同じく、佐伯海軍航空隊の施設建設工事に関わり大きな利益を得て、企業として発展することができた。

海軍橋の建設

海軍は、佐伯駅と佐伯海軍航空隊の間をさえぎる長島川と中江川に橋を建設する計画を立て、八者による指名競争入札を実施した。八者とは、梅林組・大林組・鉄道工業・松本組・大倉土木・中央土木・水野組・鹿島組である。海軍の予定価格九万五〇〇〇円に対し、梅林組が六万三五〇〇円と破格の安値で落札した（ＪＡＣＡＲ⒀）。長島川に建設される橋は、幅八m、長さ八二mであった。橋の建設工事は一九三二年一〇月一〇日に着工し、一九三三年七月二二日に海軍橋（現陸運橋）が竣成した。中江川にかかる橋（現美国橋）も二ヶ月後に竣成する予定であった（佐伯一九三三・七・三〇）。これにより、佐伯駅から佐伯海軍航空隊に通じる道路が完成することになった。

セメントの指名競争入札

佐伯海軍航空隊の施設建設に必要なセメントの容量は一〇〇〇ｔであった。一九三二年一〇月、呉海軍建築部は、セメントの請負業者五者を指名して競争入札を行った。予定入札価格は二万二九〇〇円であった。指名された五業者は日本セメント・小野田セメント製造・豊国セメント・磐城セメント・宇部セメント製造であった。初回は、日本セメントが二万三〇〇〇円、ほかの業者はすべて二万三六〇〇円の同額で入札した。のちに二回目の入札を行い、海軍側の予定価格二万二九〇〇円で日本セメント（現太平洋セメント）が落札した（ＪＡＣＡＲ⒁）。

なお、日本セメント佐伯工場は、一九二六年に南海部郡八幡《やはた》村（佐伯市）に建設され操業を開始した。同工場は一九四〇年現在、社員七五人、工員三一一人、鉱員（狩生採掘場）八五人、計四七一人、佐伯地方では最大の人員を擁する企業であった。セメント製造に必要な石灰石は、一九二六年蒲戸《かまど》（佐伯市）から採掘され、一九三三年より狩生《かりう》（佐伯市）からも採掘が始められた（『百年史』）。

雇用される職工と人夫

一九二九年に米国のウォール街で株価が大暴落し、これが世界各地に恐慌を引き起こした（世界恐慌）。日本もこの影響を受け、一九三〇年には多くの企業が倒産し、失業者が増加した（昭和恐慌）。このようななかで、佐伯町に海軍航空隊の建設が始まった。一九三一年一一月頃、佐伯町は失業対策のため、佐伯海軍航空隊の施設建設工事への就労希望者を募集した。すると、町内から五四〇人、町外からも二三〇〇人余が募集に応募した。佐伯町は呉海軍建築部佐伯建設事務所に対して、できる限りこの申込者を雇用するように求め、梅林組や鉄道工業に対しても希望者を雇用するように申し入れた。

ただし、一九三一年一一月現在、佐伯町が募集する雇用人員は五四〇人で、その内訳は、普通人夫男子二五五人、女子六四人、大工五五人、左官一二人、土砂運搬一二人（船を所有する者）、船乗人夫四三人、鍛冶職及び機械取扱職工三七人、事務小使三五人、コンクリート職工二六人、潜水夫一人であった（佐伯一九三一・一一・八）。『佐伯新聞』によれば、佐伯海軍航空隊に関係する工事は、清水組、鉄道工業、阪神築港、梅林組などが請け負っていた。上浦の豊後土工兒玉杣五郎も海軍航空隊飛行場の建設に関わったことが伝えられている（『上浦町史』）。そして、佐伯海軍航空隊の竣工までに、延べ八三万八三〇〇人の労働力が投入されていたという（『大分県史　近代篇Ⅳ』）。詳細は不明であるが、佐伯町内からも多くの労働者が雇用され、佐伯小学校への転入児童の出身地などを勘案すると、満州・大阪府・広島県呉・福岡県・宮崎県など西日本各地の府県、大分県内の西国東郡・中津市・佐賀関町、南海部郡東中浦村、などからも多くの労働者が雇用されていたと考えられる。

佐伯海軍航空隊の庁舎と兵舎の竣工

海軍は一九三三年二月一五日に佐伯海軍航空隊設立準備委員として、別府明朋《あきとも》中佐、吉村誠一郎機関中佐らを任命した。(JACAR⑮)。その一年後の一九三四年二月一五日に佐伯海軍航空隊の開隊式が挙行された。

佐伯海軍航空隊庁舎　佐伯教育委員会所蔵

それ以前、一九三三年四月までに呉海軍建築部は、佐伯海軍航空隊の兵舎二棟と庁舎の建設工事の入札を行い、その結果、清水組が五二万円余で落札した。そして、同年五月八日に陸上飛行場の用地で兵舎・庁舎建設の起工式が挙行された(佐伯一九三三・五・一四)。

また、一九三三年六月三〇日に呉海軍建築部は、佐伯海軍航空隊の飛行機格納庫、発電所、兵士炊事場など二〇棟の建設工事の入札を行い、その結果、これも清水組が二七万六四〇〇円で落札して建設を請け負った(佐伯一九三三・七・九)。

兵舎は二階建鉄筋コンクリート造で(佐伯一九三三・三・二六)、一九三四年五月頃にはその大半が竣成していたようである(佐伯一九三四・五・六)。その四か月後の一九三四年九月に一部四階建鉄筋コンクリート造の海軍航空隊庁舎が竣工し、清水組から呉海軍建築部に引き渡された(佐伯一九三四・一〇・七)。『豊州新報』(一九三四・一一・五)は、「厳粛なる威容を整へた吾等の護り佐伯海軍航空隊は四階建庁舎、二階建兵舎とも鉄骨コンクリートの頑丈なモダン屋舎で、内部の美装と昔風の朗玲さは他の建築物に類が少ない。此の外水上班格納庫、食堂、酒保、無線所、道路、浴場、電気室、衛《えい》戍《じゅ》病院等一通りのものは完成し、兵員の勢揃ひを待っている」と報じた。

一九三四年九月二三日『豊州新報』に、「決して偶然ではない　軍都としての今日」という見出しが掲載された。佐伯に「軍都」という語が初めて使われた用例である。それ以後は、「軍都佐伯町」、「軍都佐伯」という言葉が一般的に使われるようになった。

竣工式と祝賀会

一九三四年一一月四～六日に、佐伯町が中心となり、南海部郡二五町村と大野郡小野市・重岡村の二村、計二七町村により協賛会を組織して、佐伯海軍航空隊の竣工式、祝賀会、開隊披露式などが開催された。また、竣工式・祝賀会にあわせて、在郷軍人会大分支部管下の分会により佐伯中学校の運動場を会場として、在郷軍人大会が開催された。

第一日の一一月四日は竣工式・祝賀式・祝宴・提灯行列などが催され、祝賀会は佐伯中学校の校庭に関係者一三〇〇人余が参加して盛大に行われた。第二日、一一月五日に、来賓招待夜会・在郷軍人大会が実施された。佐伯中学校の校庭に県下約二八〇の町村分会から四五〇〇人の在郷軍人が集まり、非常時宣言の決議や講演を終えた後に、市中行進を行った。満州事変、日本の国際連盟脱退など非常時に実施されたため、戦時気分が祝賀ムードを異様に高揚させていた。第三日の一一月六日は雨天となり、航空隊の格納庫内で行われていた「航空展覧会」が最も人気を博していたという。

この三日間の様子を『大分新聞』（一九三四・一一・七）は「佐伯航空隊祝賀会中の佐伯町は県外、県内各地からの人出で非常な賑いを呈したが、佐伯駅の乗降客は四日一万三千余、五日一万六千余、六日は時雨でやゝ減少した。この三日間旅館、料亭、飲食店はごった返す大繁盛で、旅館などはお客を断るのに困ったほどで、飲食店はうどんの汁を炊く暇もなく醤油を打ちかけて出すといふ有様で、三日間の人出は十五万を突破し、落とされた金は二十万円以上といはれている。」と伝えた。満州事変後の非常時の戦時気分が高潮するなかで、地方都市佐伯町に海軍航空隊の庁舎や兵舎が完成した。佐伯町は軍事都市としての性格を強め、「軍都佐伯」と呼ばれるようになった。佐伯町は南海部郡と大野郡小野市村・重岡村の協力をえて、佐伯海軍航空隊の竣工式・祝賀会などを盛大に開催するように務めなければならなかった。

一方で、佐伯町では、一九三四年二月に海軍航空隊の開隊式、五月に海軍記念日、一一月に航空隊竣工式・祝賀会が開催され、佐伯町民のなかには立て続けに行われる行事に不満を漏らす者もいた。次々に海軍関係の行事が開催され、祝賀会の内容は形式化され、三日間という長さにうんざりしていた。人々の偽らざる本音を吐露したものであろう。

竣工祝賀会に対するノルマ

一九三四年一〇月に佐伯町長黒木幸太郎は、佐伯海軍航空隊竣工祝賀会に対する協力を求めるため、南海部郡二五町村と大野郡小野市村・重岡村に対して文書を送付した。文書の内容は、①各町村五人以上の協賛会員（出席者）を募ること、②各町村六円五〇銭の祝賀会負担金と、③各町村五円の在郷軍人総会負担金の支払を要請するものであった。佐伯町は佐伯海軍航空隊の竣工祝賀会を盛大に実施するため、関係町村に出席者の確保と負担金支払のノルマを課していたのである。

重岡村では、村内各区に協賛会員を募ったところ、ノルマの二倍以上に当たる一三人が応募した。協賛会員は一人二円を会費として佐伯町に納めることになっていた。重岡村は一〇月二五日に、佐伯町に対して村内の協賛会員が一三人いることを報告し、会費二六円、祝賀会と在郷軍人総会の負担金一一円五〇銭、合計三七円五〇銭を送金した。

佐伯町が作成した佐伯海軍航空隊祝賀会の予算案は次のようになっていた。収入は佐伯町の協賛会員五〇〇人と佐伯町以外の協賛会員一三〇人、合計六三〇人、協賛会費一二六〇円を予定した。町村に対する負担は、佐伯町五〇〇円、その他二六か町村二六〇円（他から一〇〇円流用）、寄附金を四〇〇円と見込み、収入総額二四二〇円とした。支出二四二〇円は、酒肴代・夜会費・会場費・案内状費等・航空隊将兵賄費・煙火代・旗提灯行列費・雑費・会場余興費・余興奨励費・祝賀門建設費・予備費などに当てることにしていた（「庶務一件」昭和九年　宇目町重岡）。このように佐伯町は、南海部郡と大野郡小野市村・重岡村に負担金を拠出させるとともに人を動員し、万全を期して佐伯海軍航空隊竣工祝賀会を盛大に演出していたのである。

第五章　佐伯海軍航空隊の発足

「新入隊者参考書」が示すもの

佐伯海軍航空隊が開隊した翌年に、「昭和十年十二月　新入隊者参考書　佐伯海軍航空隊」（JACAR⒂）以下、「新入隊者参考書」）が作成された。「新入隊者参考書」は、佐伯海軍航空隊の新入隊者教育にあたり、指導者である下士官、現場の班長などが心得ておくべきことをまとめたものである。同書には、佐伯海軍航空隊が発足して間もない頃の、同隊の教育方針が示されている。まず、「新入隊者参考書」には、海軍軍人が持つべき自覚が示されている。陸兵の上陸、軍事的対外進出や商業進出などの国策遂行には海軍力が必要であり、海軍軍人としての名誉と、その責任の大きさを自覚すべきであるとしている。

次に、佐伯海軍航空隊司令の訓示として「航空関係員としての自覚」が示されている。同隊の初代司令は別府明朋であった。海戦の勝敗は制空にかかっており、制空は制海であり、偵察・爆撃・

別府明朋
『佐伯新聞』1943年11月4日

射撃・観測・空中戦闘などは海戦を決する重要な要素である。それを担う航空隊は、国防の最前線で戦う存在であるという内容である。

それに続けて、「人力と機力」について記されている。そのなかで、米国は機力において日本より優位に立ち、人力においても優秀な技量を持っていると、米国の国力を高く評価している。この頃には米国を仮想敵国にして、佐伯海軍航空隊の新入隊者の訓練が行われていたことが分かる。そして、「犠牲的精神」を持って、「精神力並に術力の鍛錬に努め与へられたる兵器の全能発揮」のためには「覚悟」が必要であると明記している。

さらに、「佐伯航空隊員としての自覚」には、「此の附近唯一の海軍代表者である。其一挙一投足は地方民注視の的なり。地方人は大なる尊敬と関心を有す。」とあり、隊員に対して、佐伯地方における海軍の代表として、地域民から尊敬される態度・言動をとるよう求めている。佐伯海軍航空隊が、周辺地域民と良好な関係を保つことを重視していたことが分かる。

佐伯海軍航空隊の組織と所属航空機

「新入隊者参考書」によれば、一九三五年一二月頃の佐伯海軍航空隊の定員は六一二名であった。そのうち、司令以下の将校は九〇人で、将校と兵卒の間に位置する兵曹は一九一人、兵卒は三三一人であった。兵曹一九人、航空兵曹七二人、整備兵曹七四人、機関兵曹一八人、看護兵曹三人、主計兵曹五人であった。また、水兵四五人、航空兵一四八人、整備兵六〇人、機関兵五六人、看護兵五人、主計兵一七人であった。ただし、太平洋戦争が始まった一九四二年二月現在、佐伯海軍航空隊の総隊員数は四八二人で（JACAR⒃）、実在する隊員数は、定員数とは異なり流動的であった。師団や連隊の定員に比べるとその数は格段に少ない。

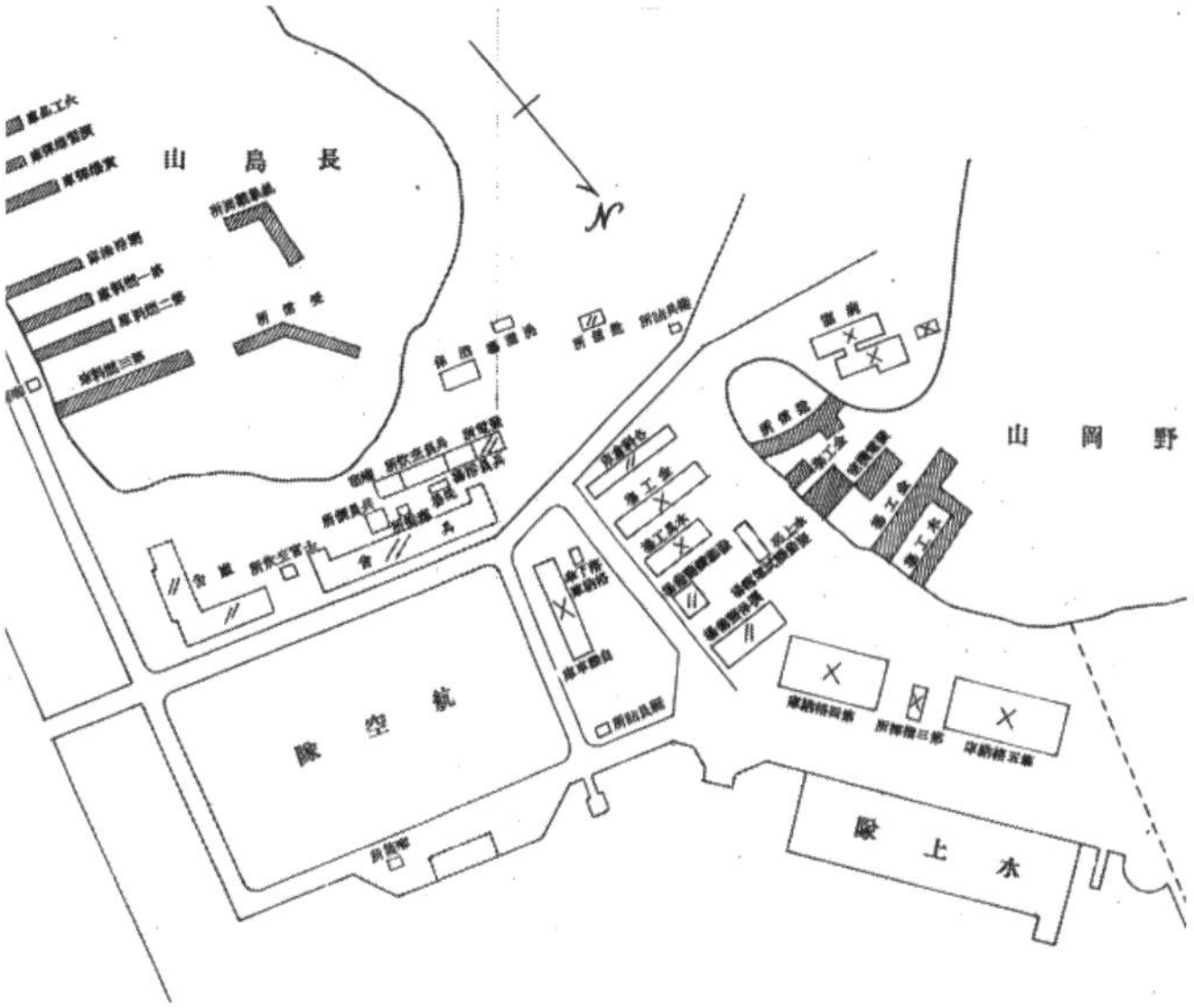

図8　佐伯海軍航空隊施設の配置図
JACAR「昭和20年9月1日　佐伯地区兵器軍需品舟艇施設等引渡目録」
Ref.C08011079300より

一九三五年一二月現在、佐伯海軍航空隊の航空機の種類、常用・補用の数とその単価は次のように兵器帳簿に記載されていた。九〇式艦上戦闘機（常用六・補用三、二万六三〇〇円）、三式艦上戦闘機（常用六・補用三、二万三六九九円）、九二式艦上攻撃機（常用六・補用三、五万五〇〇〇円）、八九式艦上攻撃機（常用六・補用三、六万七九〇〇円）、一五二号飛行艇（常用四・補用三、七万九〇一四円）である。

航空機は兵器簿に常用・補用の数が記載されていた。常用とは毎日の訓練に使用する機体で、補用とは予備の機体を意味し、常用を使用した際、消耗した数量を補うために準備されたものである。兵器は、呉軍需部から毎月一回運ばれることになっており、軍需部から受け取ることができる数量は、兵器簿に記載されている補用を満たす数であった。

佐伯海軍航空隊では一九三五年現在、常用が二八機、補用が一五機であった。九〇式艦上戦闘機一機の単価は、二万六三〇〇円、同様に九二式艦上攻撃機は五万五〇〇〇円、一五式飛行艇は七万九〇一四円であった。九〇式艦上攻撃機の単価は現在の約八〇〇〇万円に相当する。一九三五年の佐伯町の経常歳出額が約一〇万円程度であったことから、航空機は非常に高価であったことが分かる。また、中島飛行機が製造した九四偵察機一機の生産原価は二万七九一九円、契約価格三万一六五六円であるから、その利益率は一三%であった（ＪＡＣＡＲ⒄）。航空機製造会社の航空機製造の利益率が一〇～二〇%であったことが分かる。

日課表

一九三五年現在、佐伯海軍航空隊の日課表には、夏季・冬季の二季の時間帯が記載されている。内容は各軍港に置かれた海兵団のものとほぼ同じであった。海兵団とは、海軍において、軍港の警備防衛、下士官、新兵などの教育訓練のために設置された陸上部隊のことである。夏季の「本隊日課表」は次のようなものであった。

朝五時に隊員は起床し、体操、朝事業を行う。朝事業とは雑巾で「甲板掃除」をすることである。海軍では兵舎の床も甲板（デッキ）と呼んでいた。

六時一五分から朝食、八時から始業。一一時三〇分に止業。諸訓練が行われた。ちなみに、海兵団においては手旗信号などの訓練が行われた。

一一時四五分から午食（昼食）、一三時に軍事点検終了後、業務に就く。軍事点検には、第一軍事点検と第二軍事点検がある。第一軍事点検とは、分隊全員が分隊点検位置に整列し、分隊長が分隊の軍容および各個の服装・容儀を検査するもので、分隊長が必要に応じて簡単な訓示などを行った。第二軍事点検とは、総員を戦闘配置附近に整列させ、その整備状況を検査するものである。

一六時一五分から夕食、一七時からは別科が始まる。海兵団における別科は体育別科のことで、最初は海軍体操の練習をしていたという。一八時には別科が終わり、一九時四五分には釣床（ハンモック）をおろした。海兵団ではこの間は自習時間であった。そして二〇時三〇分には士官などが「巡検」、すなわち見回りを行った（『海軍艦隊勤務』）。なお、一週間に一度土曜日の午後一二時一五～一六時四五分まで、兵員は外出が許可された。

海軍機の航空事故

二〇〇四年八月に、米軍普天間《ふてんま》基地（沖縄県）所属の大型輸送ヘリコプターが、訓練中に沖縄国際大学の建物に接触し、同大学構内に墜落し炎上した。大学の建物は破損し、周辺の木々が焼失した。同機搭乗員三人は負傷、同大学関係者や学生には負傷者はいなかったが、周辺の民家などに同機の部品が落下した。また、二〇二三年一一月に、山口県の米軍岩国基地から沖縄県の米軍嘉手納《かでな》基地に向かった米軍横田基地所属のオスプレイ（CV-22B）が鹿児島県屋久島沖で墜落し、乗員八名全員が死亡した。二〇二四年三月現在日本国内において、オスプレイは東京の米軍横田基地に五機、米軍普天間基地に二四機、千葉県の陸上自衛隊木更津《きさらづ》駐屯地には一四機が暫定的に配備されている。オスプレイはこれまで、たびたび墜落事故を起こし大きな問題になっている。オスプレイが配備される基地周辺で生活する人々は、同機墜落の恐怖にさらされている。戦前、海軍航空隊の航空機が訓練中に墜落する事故は頻繁に起きており、海軍航空隊の周辺地域に住む人々も航空機墜落による被害を受けていたのである。

一九一五年に、横須賀工廠造兵部飛行機工場で製造されたファルマン式水上機が、試験飛行中に失速して墜落し、将兵三名が殉死した。これが、日本海軍において殉死者をだした最初の航空事故であった。一九二一年までに養成された海軍の兵科搭乗士官の総数は八六人、そのうち殉死者は一八人と、五人に一人が殉死していた(『海軍航空の基礎知識』)。

一九三四年二月一五日に佐伯海軍航空隊が開隊し、同年五月一〇日から陸上飛行場において訓練が始まった。一九三五年二月一一日、佐伯海軍航空隊の敷地内に航空隊神社が建立され、一九三六年一一月三日には五所明神社司を斎主として、隊神の例祭と二六柱の慰霊祭が行われた。佐伯海軍航空隊が開隊して以降、様々な原因による航空事故が起きており、わずか二年半の間に飛行訓練中の事故などにより、二六人もの佐伯海軍航空隊の将兵が殉死していた。『日本海軍航空史(一)用兵編』は、「事故の統計はまとまったものがなく、不十分ながら二、三の資料を合作して作ったものである」としながらも、一九三四~三六年の航空事故による殉死者を一七三人としている。そのなかに佐伯海軍航空隊の殉死者二六人が含まれていたとするならば、その比率は一五%に相当する。佐伯海軍航空隊において、航空事故により殉死する者が多かったことを物語る。

航空事故の原因

一九三四年一二月一五日に宮地茂海軍二等航空兵が操縦し、松岡英次海軍二等航空兵が同乗する九〇式水上偵察機は、佐伯海軍航空隊上空一五〇〇mにおいて特殊飛行（垂直旋回・失速反転・宙返り）をしていた。同機は宙返りの最中に錐揉《きりも》み状態で降下しはじめ、一時機体を持ち直したが、高さ一五〇mから背面飛行のまま同航空隊前の海上に墜落した。搭乗していた二名は頭部を強打して殉死した。佐伯海軍航空隊で起きた最初の墜落事故であった。航空事故調書は操縦員宮地茂の「技量未熟」を事故の一因としてあげているが、過去に同様の事故が起きていることから、将来に関する意見として「練習空隊に於ける根本教育法に於て改善すべきものありと思考す」と記されている。そして、付け加えて、練習機には時代遅れの機種を一新して、新式の機種を使用して訓練すべきであるとの意見が記述されていた（ＪＡＣＡＲ⑱）。練習機の型が古く特殊飛行に適していない機種で訓練をしていたために、墜落事故が起きた可能性を指摘している。一方で『佐伯新聞』は、この事故を「佐伯航空隊の此種の惨事は最初の事とて地方民間に非常なるセンセーションを起こしている」と伝えた（佐伯一九三四・一二・一六）。この墜落事件が佐伯町民に、驚きとともに大きな不安を与えていたのである。

『佐伯新聞』によると、一九三四年四月に佐伯海軍航空隊の水上飛行場が竣工して以降、同年に二件、一九三五年に四件、一九三六年に一五件、同隊開隊以降、二年八か月の間に二一件の航空事故が起きていた。一九三五年四月に佐伯海軍航空隊の陸上飛行場が完成し、水陸両方の航空機の訓練が開始されたため、航空事故が多発するようになった。佐伯海軍航空隊にとって航空事故は戦略的な観点から、また、人的・物的損失の観点からも大きな問題であった。海軍省によって作成された、佐伯海軍航空隊が関連する二一件の航空事故調書によると、事故原因の多くは搭乗員の技量不足や操縦ミス、エンジンに関する知識不足、気象条件、訓練指揮官の判断ミス、エンジンの欠陥によるものであった。

一九三五年六月頃には、大分県内の多くの人々が、佐伯海軍航空隊の墜落事故が多いという認識を持っていた。中津市在住のある少年が、佐伯海軍航空隊司令別府明朋に対して、「この頃海軍機はよく墜落するようですが、私の工夫したやうにすれば飛行機は安全だと思います」という意味の手紙を、精密な図とともに送っていた（佐伯一九三五・六・二）。別府明朋はその手紙を苦々しく読んでいたはずである。一九三五年には佐伯町民を巻き込みかねない場所での事故も起きていた。

航空機墜落の脅威

海軍航空隊の航空機が事故により不時着もしくは墜落した場所は、飛行場、海上、山間部がほとんどであった。しかし、しばしば田畑などの民有地、民家付近に墜落することもあった。佐伯海軍航空隊の航空機事故の事例を紹介しよう。

一九三五年六月一九日に佐伯海軍航空隊の操縦員大田晴造一等航空兵、電信員野坂悦盛一等航空兵、偵察員吉田保三等航空兵が同乗する水上偵察機が、夜間訓練のため同隊水上飛行場を離水して上昇を始めた。しかし、靄《もや》により見通しが悪かったために、同機の右翼が大入島小学校石間分校の上にある松の木に接触して墜落した。同機は火を発して全焼したが、搭乗員は衝突と同時に岩の上に放り出され、大田一等航空兵が顔面にすり傷を負ったのみで、他の二名は奇跡的に無傷で助かった。火は付近の山林にも延焼したが、大入島消防組が出動して大火を消し止めた。場合によっては大参事に発展する可能性もあった（佐伯一九三五・六・二三）。

一九三六年一一月二六日に佐伯海軍航空隊の田中健三少尉が編隊飛行訓練のため九五式艦上戦闘機に搭乗して航空隊陸上飛行場を離陸し、南方二〇〇〇m、高度一五〇mに達した際にエンジンが故障し、飛行場に引き返そうとした。すると同機の速度が減速し、錐揉《きりも》み状態に陥り、同隊飛行場南方八〇〇mの女島の畑地に墜落して、機体は大破して田中少尉は殉死した。航空事故調書では、エンジン不調の原因は「調査中」と書かれていた（JACAR⑲）。このように、佐伯海軍航空隊においては、小学校の付近、佐伯町中心市街地周辺の畑地に航空機が墜落する事故が起きていた。

日本各地に設置された海軍航空隊の航空機は、訓練中などにしばしば民家や民有地に墜落する事故を起こしていた。九州では、一九三四年九月一八日に宮崎県富高飛行場で訓練をしていた航空機が、エンジンの故障で民家に墜落する事故を起こした。『大分新聞』は「鳳翔搭載飛行機　民家に墜落発火」と、大きな見出しで報じた。富高飛行場の北側にある民家に墜落し、ガソリンに引火して黒煙を上げ住宅一棟、厩舎一棟を焼失して搭乗員の西山兵曹は操縦桿《そうじゅうかん》を握ったまま殉死し、機体も全焼した（大分一九三四・九・一九）。一九三七年一月三一日には、長崎県の大村海軍航空隊の航空機が訓練中に火災を起こし、長崎県東彼杵《ひがしそのぎ》郡福重村の民家に墜落し、同家屋ほか二棟を全焼する事故を起こしていた（『昭和一二年航空年鑑』）。しかし、新聞、『航空年鑑』において墜落事故の事実については報道されているが、詳細な被害状況については伝えられていない。一九三五〜三七年にかけて、千葉県の館山《たてやま》海軍航空隊所属の航空機が、民家・民有地に墜落した事故五件が新聞に掲載されていた。すべての海軍航空隊の航空機墜落事故を調べたわけではないが、各地の海軍航空隊所属の航空機が地域住民に脅威をあたえていたことは確かである。多くの人々は航空機がよく墜落するという認識を持っており、海軍航空隊が所在する周辺住民は、航空機が飛ぶ様子を見て不安な気持ちを抱いていたのである。佐伯海軍航空隊は、豊後水道及びその周辺海域の防御を担ったが、一方で、佐伯地方の人々にとって大きな脅威となる存在でもあった。

豊予要塞と佐伯海軍航空隊

一九二七年に豊予海峡防御の第一線が、鶴見崎・水の子島・日振島を結ぶ線に南下し、佐賀関・高島・佐田岬を結ぶ線は第二線となった。これにより同年に、南海部郡鶴見半島とその周辺海域が、一九四〇年には南海部郡の沿岸部と豊後水道が陸軍豊予要塞の要塞地帯の区域に含まれることになった。そして佐伯海軍航空隊と、佐伯防備隊（一九三九年開隊）の防御区域が要塞地帯の区域と錯綜することになった。そこで、全国海岸要地を防御するため、陸海軍の協同作戦を定めた防務条例（一八九五年制定）により、陸海軍は役割分担を行っていた。

防務条例によると、「陸軍の担任」は、陸地警戒勤務、陸地防御工事、諸砲台の勤務、堡塁通信勤務であり、「海軍の担任」は海上警戒勤務、海中防御に属する諸勤務、艦船を使用する諸勤務、海上通信勤務であった。このうち、海上警戒勤務や海中防御に属する諸勤務は、事実上陸海軍で職務内容が重複していた。そこで陸軍と海軍は日本の軍隊でありながら、天皇の下で異なる軍令・軍政機関を持つ別組織であったため、両者は協定を締結して協同作戦を実施していた（『日本の要塞』）。

ところで、政治的影響力、戦略、軍部組織内における立場などの違いから、しばしば陸軍と海軍が対立していたことが知られている。例えば、明治初期の段階から陸主海従、すなわち陸軍が主で、海軍が従の立場に置かれていることに、海軍が不満を持っていたと言われている（『日本海軍と政治』）。一八七八年陸軍に参謀本部が設置され、政府の機構から陸軍軍令機関が分離するとともに、近衛・各鎮台を統括した。そして、陸軍将官一人が幕僚長として軍令事項を所管し、戦時においても陸海軍に関する事項について天皇を輔弼《ほひつ》した。その後、一八九三年に海軍軍令部が新設され、陸軍と同様に海軍も軍令と軍政が分離され、陸軍参謀総長と海軍軍令部長は両者とも天皇に直接に属隷することになった。しかし、その直後に制定された戦時大本営条例においても、参謀総長が幕僚長になることが規定されたままで、陸主海従の状態は変わらなかった。一九〇三年に戦時大本営条例が改正され、陸軍参謀総長と海軍軍令部長の立場は同等となったが、同等になったがために、互いのライバル心から陸軍と海軍は軍部内の主導権や戦略などをめぐり、しばしば対立した。ただし、陸海軍ともに国益のために動く軍隊であるから、基本的には、協力すべき場合は協力して作戦行動を行っていたのである（『大本営』）。豊後水道及びその周辺海域の防御に関しても、陸軍と海軍は協同作戦を遂行していた。佐伯海軍航空隊が開隊する以前の一九三二年一〇月一〇日に、豊予要塞司令部（陸軍）の主催により、同司令部と呉鎮守府（海軍）が共同で計画を立案して、大分県北海部郡・南海部郡と愛媛県宇和郡三机《みつくえ》村以西を区域とする防空訓練が実施されていた。

第六章　国民統合の加速

一九三三年に日本は国際連盟から脱退し、国内ではロンドン海軍軍縮条約、ワシントン海軍軍縮条約からの離脱も強く叫ばれるようになった。軍部は、無条約状態になり日本が国際社会から孤立して欧米諸国が軍備拡張を行うことを想定し、日本国民に欧米諸国と戦う覚悟を持つことを唱えるようになった。そして、それと並行して、軍部は軍事講演会を盛んに実施して戦時気分を高揚させ、在郷軍人分会や市町村などを媒介に、一般市民を軍傘下の組織などに組み入れる動きを強めた。日本の国際連盟脱退による国際的孤立は自国の大きな危機ととらえられ、軍部が本格的に国民統合へ動き出す画期となった。明治期に結成された在郷軍人会のほか、一九三〇年代に、国民統合のためにつくり出された軍主体の組織や防空訓練に触れてみたい。

連隊区司令部と在郷軍人会

一八九六年一〇月、陸軍省は一府一七県知事に対し、兵営の新築および連隊区司令部や憲兵屯所などを建設する場所を確保するよう内訓を出した（JACAR⑳）。大分県もその一七県の一つに含まれており、陸軍は一八九七年二月、大分町荷揚町に大分連隊区司令部の敷地として、私有地七畝五歩を一〇三円七五銭で（JACAR㉑）、また、同司令部の庁舎として民家七〇坪を一一九六円二五銭で買収することにした（JACAR㉒）。

一八九六年制定の連隊区司令部条例によれば、司令部は司令官（佐官）、副官（大・中尉）、軍医、軍吏、書記によって構成された（JACAR㉓）。連隊区司令部は徴兵事務の中心組織であり、大分県内でも徴兵事務を確実に遂行する仕組みが整えられることになった。これにより、大分県域の徴兵区域は小倉連隊区（大分県玖珠・日田・下毛・宇佐郡、および福岡県五郡・山口県一市一郡）と大分連隊区（大分県東国東・西国東・速見・大分・北海部・南海部・大野・直入郡、及び熊本県三郡）に含まれることとなった。

一九三三年の「釧路連隊区司令部状況報告」（JACAR㉔）によれば、同連隊区司令部の業務は徴兵事務、兵事召集服役事務、市町村および警察の召集事務の指導、在郷将校の教育、在郷軍人の指導、動員計画、警備に関する地方公私団体の指導計画、青年訓練、出動軍人遺家族の慰恤、国防思想の普及など、多岐にわたっていた。大分連隊区司令部は、一九三三年頃から県下各地の市町村に対して国防婦人会分会の結成を強く指導した。連隊区司令部が、国民統合、国民動員に対して大きな力を持っていたことが分かる。

連隊区司令部と密接な関係を持っていたのが在郷軍人会であった。日露戦争頃から全国各地で在郷軍人団が結成されており、陸軍が各地の在郷軍人団を統合して、一九一〇年、帝国在郷軍人会が発足した。総裁には陸軍大将伏見宮貞愛《さだなる》親王、会長には陸軍大臣寺内正毅《まさたけ》が就任し、会員数は創立時に一〇〇万人、一九一四年に海軍も加入し、一九三〇年代には三〇〇万人を越えた。本部役員は高級将校により構成され、各地方には連隊区司令部内に支部、郡市単位に連合分会、町村単位に分会が組織された。在郷軍人会支部は、連隊区司令官を支部長とし、予備役、後備役の軍人などを会員とした（『在郷軍人会』）。在郷軍人会は、勅諭奉読式、陸軍記念日、海軍記念日、戦死病没者の祭典などを町村と合同で実施し、入隊営兵の送迎、簡閲点呼の際の予習などを行った。その他、徴兵検査前と入営前の壮丁予習教育や、青年訓練所の生徒に対する教練を指導した。連隊区司令部と在郷軍人会は密接な関係を保ちつつ、徴兵、兵員の動員、教練、国防思想の普及活動などを通じて、国民統合に大きな役割を果たしていた（『大分県歴史事典』）。

「一九三五、六年の危機」

一九三三年の後半から一九三四年にかけて「一九三五、六年の危機」が叫ばれるようになった。大分県では一九三四年一〇月二日、県教育会館にて、和田亀治中将が「時局と吾らの覚悟」という演題で講演した。そのなかで和田亀治は、一九三五年に日本が国際連盟から正式に脱退し、一九三六年にワシントン海軍軍縮条約、ロンドン海軍軍縮条約が無効となることにより日本が孤立し諸外国との対立が起こることが予想されること、米国の海軍力やソ連の軍備の増強などに対抗するため、国民の覚悟が必要であることを述べた（大分一九三四・一〇・四）。

同年一一月五日に、佐伯中学校庭で、帝国在郷軍人会大分支部管下の在郷軍人大会が開催された。佐伯海軍航空隊設置祝賀の第二日に行われたもので、地方有志をはじめ、県下二八〇町村分会から約四五〇〇名の在郷軍人が集まった。戦時気分が高揚するなかで、佐伯海軍航空隊の竣工式とともに佐伯町で在郷軍人大会が開催されていたのである。同大会で、国際連盟からの脱退、ロンドン海軍軍縮条約、ワシントン海軍軍縮条約の破棄、ソ連の軍備拡大に備えることなどを宣言した。そして国防の強化、時局重大の認識を持ち、「反国策の言動を排除して」世界平和に邁進することを決議した。その一か月後、一九三四年一二月二九日、日本政府はワシントン海軍軍縮条約の破棄を米国に通告した。

「大分県民がなすべき事項」

一九三三年二月二四日に国際連盟総会で、リットン報告書にもとづく勧告案が票決に付された。その結果、賛成四二に対して反対一、反対したのは日本一国のみであった。日本政府から国際連盟代表に任命された松岡洋右は、連盟脱退の演説を行い、その場から代表団を率いて退場した。日本は一九三三年三月二七日に国際連盟から脱退した。日本国内では、国際連盟からの脱退は日本の危機、非常事態としてとらえられていた。

大分県は一九三三年六月一六日に、各警察署、公私立学校、小学校、市町村役場、青年訓練所などに対し「非常時国民運動に関する訓令」を発した。その訓令には、国際連盟脱退により、「国歩頗る艱難《かんなん》（困難の下で苦しみ悩むこと）」のときであるから、常日頃から非常時に対処する覚悟をもち、難局打開のため「同心協力」することが示されていた。

また、県は学務部長名で、男女青年団、在郷軍人会、婦人会、各種教化団体、市町村長などに対して、非常時国民運動として各地方の実情を考慮して励行する実施事項を通達した。『大分新聞』（一九三三・六・一七）は、それを「大分県民がなすべき事項」と報じた。通達された実施要項には次のような大項目が示されていた。①敬神崇祖の思想徹底、②国旗掲揚の徹底、③時局に関する訓話、④体育の奨励、⑤国体的行動の訓練、⑥公共的運動に対する協力の奨励、⑦風紀の粛正及び生活の緊張に関する共同的行動の奨励、⑧困苦欠乏に堪える訓練、⑨警備並に防空の訓練、⑩銃後の活動に関する訓練、などである。来るべき非常時に向けての行動マニュアルを示したもので、県民に対して、挙県一致の行動を求めている。そして、この頃から県内では、一般市民を国策に動員するための官製組織が結成されていった。国防協会、海軍協会、国防婦人会などである。いずれも国民統合を助長した官製組織である。

大分県国防協会

一九三三年六月二四日に、大分県国防協会発起人会が県公会堂で開催された。同年六月四日『大分新聞』は、県国防協会が組織されることをすでに伝えていた。これは他県の例にならったもので、国防協会は府県別に創設され、九州では熊本県、宮崎県、大分県のみが未設であったという。

県国防協会発起人会には、県庁から田口県知事、内務部長、学務部長、軍部から大分連隊留守隊長、豊予要塞司令官、憲兵分隊長、その他、県会正副議長、代議士、別府・中津両市長、三市（大分市・

別府市・中津市）議長、郷田中将、竹田津少将、秋山裁判所長、福岡検事正、各郡町村長会、商工業団体代表者など五〇余人が出席した。

国防協会設立発起人会で、田口易之《やすゆき》知事は、「満州事変勃発以来、県民は熱誠を捧げ挙県一致して国策に寄与してきた。国際連盟脱退という重大な時局の下でもこれを維持し、さらに愛国尚武の精神を奮い起こさせ、国防思想の普及徹底を図るために県国防協会を設立した」と、同会設立の目的を述べた（大分一九三三・六・二五）。

国防協会が行う事業は、①国民精神の作興《さっこう》（盛んにすること）及び国防思想の普及徹底に関する事項、②国際関係その他時局に関する諸問題の研究、③郷土防衛に関する研究・訓練、④国家総動員に関する研究・訓練、などであった。

会則により県国防協会長には県知事、副会長には学務部長が就任し、市町村には支部を設けた。そして、支部長には市町村長が就任し、郡を区域として連合支部を設け、連合支部長には郡町村長会長が就任することになっていた（大分一九三三・六・二五）。県国防協会の発会式は、一九三三年一二月一〇日に県教育会館で挙行された。

ところで、大分県国防協会大分支部は、一九三四年三月一〇日の陸軍記念日にあわせて発会式を挙行した。支部長に朝吹亀三大分市長、副支部長に桜井大分市在郷軍人連合分会長、大島助役が推薦された（大分一九三四・三・一二）。副支部長の内一人は、大分市在郷軍人連合分会長が就任したようである。在郷軍人大分県支部長は大分連隊区司令官が務め、在郷軍人会は同司令官の強い指導の下に置かれていた。大分県国防協会も大分連隊区司令部の管轄下に置かれ、国防思想の普及などを図る事業を行っていたと考えられる。

一九三四年九月一八日の大分市における満州事変勃発三周年記念日の諸行事は、県国防協会が主催し、県・大分市・軍部・在郷軍人会・大分商工会議所・赤十字大分支部・愛国婦人会大分支部などが後援して開催された（大分一九三四・九・一八）。軍部は国防協会を通じて県・市町村などの行政組織を利用して、国民統合の体制作りをしていたと言える。

海軍協会大分県支部

日本では一九一七年に、欧米を模して海軍協会が設立された。同会設立当初の目的は海軍の軍拡運動を推進することにあったが、一九二〇年代の軍縮下においては、海軍・海運など海事に関する調査研究、軍艦・軍港見学会の開催、海軍記念日の行事主催、海軍・海運の宣伝事業を行うなど、その活動の方向性を変えていた。

一九三一年満州事変が勃発すると、陸海軍ともに国防宣伝を行ったが、海軍でその役割を担ったのが海軍協会であった。一九三二年三月に元海軍大将であった斎藤実《まこと》が会長に就任。斎藤実は五・一五事件直後に首相に就任した後も海軍協会長を兼任し、地方組織の拡充に着手した。

海軍協会は全国の府県に支部を設置し、各府県知事を支部長に、学務部長を副支部長に依嘱し、定款も改正した。名誉会員（協会の目的を翼賛する名士）、維持会員（一時に一〇〇円以上、または毎年六円以上を二〇年間拠出する者）、正会員（一時に五〇円以上、または毎年三円以上を二〇年間拠出する者）の他に、新たに通常会員（毎年一円以上を拠出する者）を設け、国民的組織化の方向性を打ち出した

（『国立民俗博物館研究報告』第一二六集）。

大分県内では一九三五年四月一一日に佐賀関町分会（会員六〇〇人）、五月二二日臼杵町分会、五月二八日佐伯町分会（会員一〇〇〇人）、六月八日大分市分会、六月九日大分県支部（会員一万人）など、海軍協会大分県支部や分会の発会式が挙行された。

一九三六年一二月末のワシントン海軍軍縮条約、ロンドン海軍軍縮条約の失効を前にして、同年一月二七日から二月上旬にかけて、国防協会並びに県内海軍協会各分会、在郷軍人会大分支部、地元市町村の主催、県、連隊区司令部、大分新聞などの後援で、佐世保鎮守府から講師を招き、県下一〇数か所で「軍縮会議脱退後における国民の覚悟」について大講演会を開催することになった（大分一九三六・一・二二）。また、同年二月二四日には、県国防協会、在郷軍人会大分支部、海軍協会大分県支部の主催、県市赤十字、愛国婦人会並びに県内国防婦人会各分会、大分新聞、豊州新報などの後援により、連合艦隊司令長官高橋三吉を迎え、県会議事堂にて軍縮会議脱退対策県民大会を開催した。このように海軍協会は軍事思想普及の宣伝活動に大きな役割を果たしていた。

佐伯国防談話会と軍都護郷団

一九三三年一二月一〇日に大分県国防協会が発足し、南海部郡直見村では一九三四年三月五日に国防協会直見支部が発足することになっていた（佐伯一九三四・三・四）。しかし、佐伯町では国防協会支部が発足した記録が見当たらない。県下すべての市町村に国防協会支部が発足したわけではない。

佐伯町では日本が国際連盟を脱退した頃（一九三三年三月）、同町の在郷軍人分会が国防研究組織の結成に着手していた（佐伯一九三三・四・二）。発起人は南海部郡在郷軍人連合分会長武石素吉で、同年四月に佐伯国防談話会が発足した。同会の規約によると結成の目的は、①国防思想の普及、②国防事項の研究、③国防事項の援助などに務めることであった。県国防協会の設立目的と類似していることが分かる。

会員は会発足の趣旨に賛同する有志で、入会には会員の紹介が必要であった。毎月一〇日に集会を開催し、会の経費は毎月各会員が納める一〇銭の寄付などで賄うことにしていた。また、同会は数名の世話人を置くことになっており、佐伯町長野村一也、佐伯新聞社阿南卓（のちに第二代佐伯市長）など、町の有力者が務めた（佐伯一九三三・四・一六）。

一九三三年四月一一日に第一回の集会が町役場で開会され、座長は佐伯中学校長河野寅蔵が務め、懇談及び呉海軍建築部佐伯出張所主任桑原芳樹と「佐伯航空常識」をテーマに談話が行われた。その後佐伯国防談話会は、佐伯町での国防講演会や映画会などを主催した。佐伯国防談話会は在郷軍人分会の発起により結成され、軍部と町が連携しながら国防思想を普及させる組織であった。

また、一九三六年八月二日に佐伯憲兵隊長の指導の下で、軍都護郷団が結成された。

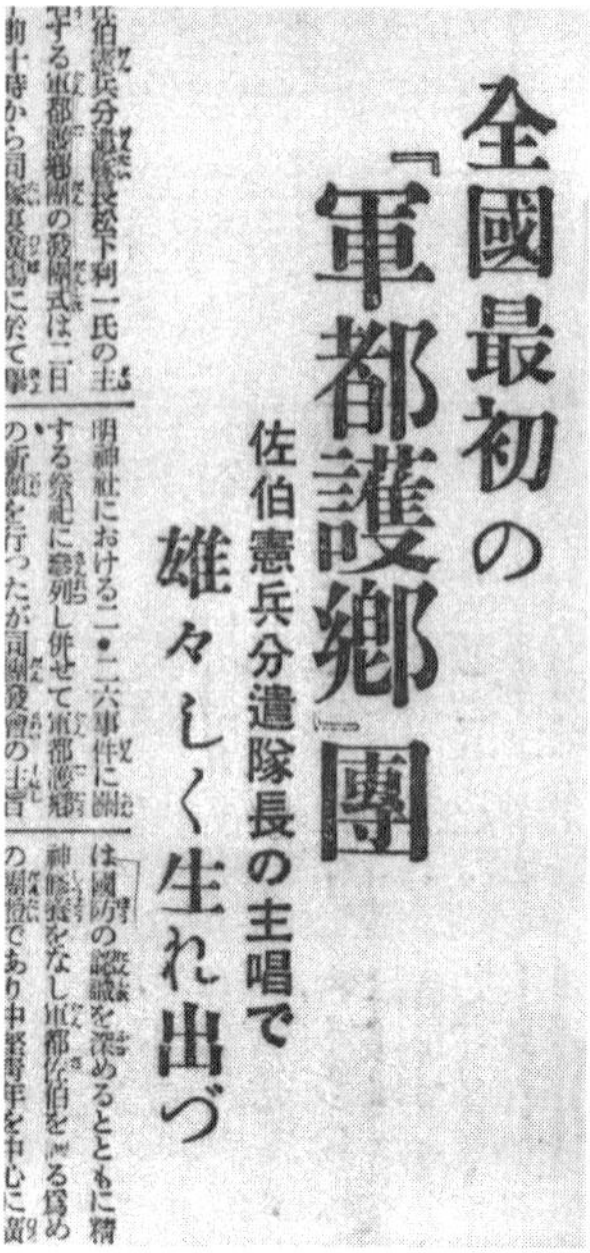
全國最初の『軍都護郷』團
佐伯憲兵分遣隊長の主唱で
雄々しく生れ出づ

軍都護郷団
『大分新聞』1936年8月4日より

発会式は佐伯憲兵隊裏の広場で、団員約一五〇人が参加して挙行された。佐伯憲兵隊長は、「佐伯地方が軍事上極めて枢要な位置にあるにも拘らず地方民の自覚と訓練とに遺憾の点がある」として、着任以来護郷団を組織する計画を進めていたという。『大分新聞』（一九三六・八・四）は、同会結成の目的を「国防の認識を深めるとともに精神修養をなし軍都佐伯を護る」ためとし、「中堅青年を中心に広く一般民衆に働きかけ拡大強化しようと言う全国最初の試み」と伝えている。戦時気分が高揚し、しかも海軍航空隊が設置された佐伯町であったからこそ結成された、国民統合を目的とする軍傘下の組織であった。

国防婦人会

明治期に結成された代表的な軍事援護の婦人団体に愛国婦人会がある。一九〇一年に女性社会運動家奥村五百子《いおこ》が主唱し、近衛篤磨（近衛文麿の実父）や下田歌子、陸海軍省や内務省が後援して結成された。また、一九三一年三月六日の地久節《ちきゅうせつ》（皇后誕生日）に、文部省の指導の下に結成されたのが、大日本連合婦人会である。母の会、主婦会、地区婦人会を統合した官製の女性組織で、婦人の教養、家庭教育、家庭生活に関する研究などの活動をしていた。

そして、一九三三年頃から急激に会員数を増加させた軍事援護の婦人団体が国防婦人会であった。ここでは、国防婦人会に焦点を当て、話を進めたい。

一九三二年三月一八日に結成された大阪国防婦人会が、一〇月二四日に大日本国防婦人会と改称した。発起人は大阪の主婦、安田せいであった。カッポウ着にタスキがけ。これが国防婦人会会員の印となった。国防婦人会は在郷軍人会、青年団、愛国婦人会などと同じように、郷土部隊の凱旋、遺骨の帰還、傷病兵の送還などの出迎え奉仕、北支（中国北部）派遣将兵の見送り、接待、献金募集、慰問袋の調製などを行っていた。会員である主婦たちの活動が次第に新聞に掲載されて注目を集め、国防婦人会は援護活動を行うことによりその地歩を固めていった。全国各地で国防婦人会への参加を呼びかけ、分会を設立して会員を増加させ、陸海軍もこれを支援した。同会の会費は地域によって異なるが、愛国婦人会よりも安く、場合によっては免除されることもあった。一九三五年には国防婦人会の会員は二五五万人に達し、愛国婦人会の二二五万人を凌駕した（『戦時体制下日本の女性団体』）。

大分県内では一九三三年一二月一日に、大分連隊区司令部からの「勧め」により、津久見町で県下最初の愛国婦人会分会が発足した。おそらく「勧め」とは命令に近いものだったに違いない。一九三四年に大分連隊区司令部は在郷軍人会の連合分会長と分会長に、各市町村当局と協議のうえ賛同者を得て、国防婦人会の分会設立に尽力するよう依頼状を発送していた。一九三五年二月一一日に大分市では、大分連隊区司令部の「勧誘」を受けて、国防婦人会大分支部を発会することになった。その会員からは会費を徴収せず、女子青年団員、各種婦人会員を中心に組織することにしていたという（大分一九三五・一・二六）。大分連隊区司令部が在郷軍人会に対して積極的に働きかけ、管轄下に国防婦人会の分会を設け、多くの女性を動員する体制を整えようとしていたことが分かる。国民統合、国家総動員において連隊区司令部が果たした役割は大きかった。

しかし、大分連隊区司令部は多数の国防婦人会分会設置を意図していたにもかかわらず、思うよ

郵　便　は　が　き

料金受取人払郵便

福岡中央局
承　認

18

差出有効期間
2026年2月
28日まで
(切手不要)

８１０-８７９０

156

福岡市中央区大名
二―二―四三
ELK大名ビル三〇一

弦　書　房

読者サービス係　行

通信欄

年　　月　　日

このはがきを、小社への通信あるいは小社刊行物の注文にご利用下さい。より早くより確実に入手できます。

お名前

（　　歳）

ご住所

〒

電話

ご職業

お求めになった本のタイトル

ご希望のテーマ・企画

●購入申込書

※直接ご注文（直送）の場合、現品到着後、お振込みください。
送料無料（ただし、1000円未満の場合は送料250円を申し受けます）

書名	冊
書名	冊
書名	冊

※ご注文は下記へFAX、電話、メールでも承っています。

弦書房

〒810-0041 福岡市中央区大名2-2-43-301
電話 092(726)9885　FAX 092(726)9886
URL http://genshobo.com/ E-mail books@genshobo.com

大分市国防婦人会発会式
『大分新聞』1935年3月7日

うに設置が進んでいなかった。大分連隊区司令部からの指示と思われるが、一九三五年、在郷軍人会大分支部は日露戦役三〇周年記念の事業として、連隊区管下の各市町村在郷軍人会分会に、できる限り三月一〇日の陸軍記念日前後に国防婦人会分会の発会式を挙げるよう促した。すると、一九三五年二月一〇日頃から三月六日までに、大分市を含む一市一九町村で国防婦人会の支部や分会の発会式が挙行された（大分一九三五・三・八）。佐伯町分会の発会式は一九三五年一〇月一〇日であった。一九三六年一月一日現在、県下三市一二郡内各町村の同婦人会の分会数は八二、会員数は五万人を超えていた（大分一九三六・一・一二）。軍の指導の下に国防婦人会の支部・分会が次々に組織されていく。そして、一九三七年三月八日に大日本国防婦人会大分地方本部の発会式が挙行されたのである。

ところで、中津市の支部は一九三五年の陸軍記念日の終了後に、発会式を挙行することにした（発会式は四月二九日）。しかし、その役員は、すでに組織されていた愛国婦人会並に市婦人会の役員が兼務し、同体異名の組織として対立的な団体にならないように準備が進められていたという（大分一九三五・三・七）。各婦人組織は設置の趣旨はそれぞれ異なっていたが、銃後の活動内容では重なる部分が多かった。一九四二年に政府主導により、愛国婦人会、大日本連合婦人会、大日本国防婦人会の官製婦人三団体は統合され、大日本婦人会が発足した。こうして多くの女性が国策のために動員される体制が整えられていった。

防空演習

一九二八年大阪府で日本最初の防空演習が、一九二九年に名古屋市（愛知県）と水戸市（茨城県）でも防空演習が実施された。大分県内で防空演習が最初に実施されたのは一九三二年であった。

大分県、大分市各当局、大分連隊の連合主催により、大分市と隣接一〇か村は、一九三二年三月九日夜に灯火官制、翌一〇日には航空機が参加して東軍・西軍に分かれての模擬市街戦が実施された。模擬市街戦には在郷軍人・青年団・男女中等学校・小学校・青年訓練所の児童生徒ら五〇〇〇人、輓馬《ばんば》（車・そりなどをひかせる馬）・騎馬三五頭、大刀洗《たちあらい》飛行第四連隊の偵察機三機が参加した。西軍は大分連隊の第一・第三大隊・機関銃隊・歩兵砲隊・通信隊、大分県師範学校、大分工業学校などの将兵・生徒により、東軍は大分連隊の第二大隊・機関銃隊・歩兵砲隊、在郷軍人、大分中学校、大分商業学校、予習学館、市内各青年訓練所などの将兵・生徒により構成されていた。対毒ガス弾演習も行われた。大刀洗から参加した偵察機は大分練兵場を離陸し、県庁正門通りの二か所に数個のガス弾（煙火）を投下し、人々を慌てさせたという（大分一九三二・三・一二）。見学と称して周囲には多くの人だかりができた。多数の一般市民を動員した軍事教練であった。

一九三二年一〇月一〇日には、大分市に次いで豊予要塞地帯において防空演習が実施された。豊予要塞及び呉鎮守府によって計画され、北海部・南海部郡、愛媛県西宇和郡三机《みつくえ》村以西を範囲として行われた。各町役場に警備本部が置かれ、警察署、消防組、青年団が協力して警備の任についた。演習の目的は灯火管制、航空機の来襲に対する防毒、防火作業を住民に経験させることにあった。官庁、工場などに指導官を配置して、午後六時から演習を開始した。仮想の敵機来襲を二回、非常管制を三回、警戒管制を一回実施して終了した。二度目の空襲の際、航空機から投下された模擬爆弾一個は佐伯町向島の東部、一個は長島山付近に落下したが、他の一個は不発のまま佐伯館前の飲食店に落下し、屋根瓦七枚を損壊させた（佐伯一九三二・一〇・一六）。

灯火官制は、「司令部の命令一下警報を合図に忽《たちま》ち消灯、県南の都鄙《とひ》、山野は立ちどころに暗黒の巷《ちまた》と化し、仮装《（ママ）》敵佐伯湾碇泊の第一艦隊および搭載爆撃機の来襲に備へ各町村とも在郷軍人、青年団等を総動員戦さながらの物々しき雰囲気を現出」した（大分一九三二・一〇・一二）。灯火官制の様子を城山の中腹から視察していた高司佐伯町助役は、「佐伯町位の町でも統制がとり悪いものだと言うことを痛感しました。通常管制の時は不揃いで二三ヶ所どうしても消えぬところが在りました。」と語った（佐伯一九三二・一〇・一六）。防空演習では「すべての市民が、一斉に、一人残らず」行動することが要求されていた（『大分縣地方史』二〇六号）。防空演習は多くの市民を動員する軍事教練に他ならならない。これが、国民統合へとつながっていく。

『大分新聞』によれば、一九三四年五月二七日に中津市、一九三五年五月三日に玖珠郡玖珠町でも防空演習が実施された。大分市では毎年防空演習を実施していたが、一九三六年三月一〇日の陸軍記念日に実施されるはずであった防空演習を含む諸行事が、二・二六事件の影響により中止され、講演会を実施する程度に止まった。そして、同年九月一七、一八日には規模を拡大して県下三市一一郡から九万一四九六人が参加して、全県一斉の防空演習が実施されたのである。繰り返し教練を実施することに大きな意味がある。結果として、防空演習が総動員体制の構築につながるからである。

なお、一九三六年九月一八日は満州事変が勃発して五年目に当たっていた。大分県一斉の防空演習は、満州事変五周年記念として実施されていたのである。満州事変記念日は陸軍記念日、海軍記念日と同様に重要な記念日として扱われ、各地で防空演習、招魂祭、講演会などが行われていた。軍部にとって、多くの人々の戦時気分を高揚させ、緊張感を維持させるために必要な軍事教練を実施する重要な記念日であった。

第七章　航空隊御用達と佐伯地方の花柳界

「軍艦は食べる」

軍事演習のために佐伯湾に入港する連合艦隊の乗組員は、総員二万人を超えることもあった。一九一七年六月、第一艦隊の主計長の説明によると、旗艦安藝の乗組員の下士以下九四八人が必要とする一日分の牛肉（骨付）は五二貫一四六匁（一九五・五kg）、魚肉は三三貫一八〇匁（一二四・四kg）、野菜は一二貫三二四匁（四六・二kg）、味噌は一八貫九六〇匁（七一・一kg）であったという。この分量は安藝一隻分であるから、連合艦隊の総乗組員の食糧を佐伯地方のみで調達することは難しかった（佐伯一九一七・六・一〇）。

また、一九二〇年六月一三日『佐伯新聞』によれば、同年六月一五日に、下士官以下一万三六七〇人を乗組員とする連合艦隊が、佐伯湾に入港する予定であった。連合艦隊の乗組員が必要とする野菜は佐伯町の御用商人大賀重太郎、魚肉は松本治佑、牛肉は野村浅次郎が納めることを報じており、一九二〇年にはすでに、海軍に対して野菜・魚肉・牛肉などを納入する御用商人がいたことが分かる。

また、同記事によると下士以下乗組員一人に必要な一日の副食量は、牛肉（骨付）四〇匁（一五〇g）、魚肉三五匁（一三一g）、野菜一二〇匁（四五〇g）であった。艦隊将兵が一日に必要とする総量は、牛肉一一〜一二頭分、生魚（約三〇cmの鯛）七四〇枚、野菜は夏大根三万一九八六本に達した。さらに、別に士官室に納入する分量も必要であったため、副食の量は莫大であった。それに対して佐伯町とその周辺から納入できる数量は、必要数量の五分の一にも満たない程度であったという。多くを他地域から仕入れており、食糧供給が思うようにできなければ演習に支障が出るため、海軍は「根拠地」を別の地に移す可能性があることも同紙は指摘していた。

「副食」のなかで一番調達が難しかったのは牛肉で、一九一七年には南海部郡はもとより、鹿児島・福岡県などから仕入れていた。ただし、牛肉の価格は南海部郡よりも他地域の方が安く、利益が上がったという（佐伯一九一七・七・一五）。一九二二年は南海部郡や大野郡小野市村・重岡村をはじめ、宮崎県、宇和島、小倉から（佐伯一九二二・八・二〇）、一九二三年は南海部郡、宇和島、長崎県などから仕入れていたようである（佐伯一九二三・八・五）。

ところで、牛肉の納入価格はどれくらいだったのだろうか。一九二二年七月三〇日〜同年八月一八日までの二〇日間に、佐伯湾周辺で軍事演習を行う連合艦隊に納められた牛肉は、頭数にすると一八〇頭、肉の重さに換算すれば約一万六二二〇貫（六万八二五kg）で、その価格は九万七三二〇円に達したという（佐伯一九二二・八・二〇）。米価を基準にすると、現在の約三億円に達する。連合艦隊の食糧に費やされる費用がいかに莫大であったかが分かる。

佐伯海軍航空隊の御用商人

海軍航空隊の設置が正式に決定されると、佐伯町は一九三一年一〇月に、町内の農業施設や野菜の需給、野菜の納入方法を調査研究するため、町内関係者を福岡県大刀洗の陸軍飛行連隊と長崎県大村海軍飛行場に派遣した。佐伯町の農会も技師を同行させ、農産物の栽培状況、農産物の納入取引などの調査研究を始めた（佐伯一九三一・一一・一）。また、町は一二月には佐伯商工会に佐世保と大村の海軍航空隊と同隊周辺地域の視察を依頼している。佐伯町は、海軍航空隊設置後の物資供給体制の整備を始めた。

一九三四年一月、佐伯海軍航空隊は、佐伯商工会が推薦した者の中から「御用達」を選ぶことにしていた。同年二月に佐伯海軍航空隊司令別府明朋は、海軍「御用達」の野村浅次郎、松本七郎、大賀重太郎、田中久佑に対して、同隊「御用達」に決定したことを伝えた（佐伯一九三四・二・四）。

佐伯海軍航空隊が発足すると、御用商人により「航友会」が組織され、会長には和泉素一、幹事には大賀重太郎・野村浅太郎・松本七郎が就任した。「航友会」の詳細については不明であるが、佐伯海軍航空隊に関係する商人五〇人余が集まり、同隊の酒保（売店）に物資を納入したという（豊州一九三四・一〇・四）。

御用商人は薄利多売

佐伯市平和祈念館やわらぎには「海軍糧食品供給契約書」が所蔵されている。内容は、一九一八〜四四年度にかけて、佐伯町の大賀重太郎が呉海軍経理部（一九二四年以降は軍需部）と結んだ食糧品納入の契約書と、その他の書類綴りである。その他の書類綴りは、海軍に納入する野菜・漬物・豆腐・コンニャク・清水などの食品の種類と、納入単価が記載された明細書である。ただし、その明細書には納入品の数量の記載がなく、納入品の総額などを知ることはできない。

契約は呉海軍経理部長と大賀重太郎との間で行われている。一九一八年に結ばれた契約書の条件は一二か条からなる。その中から主な項目をあげると、①呉海軍経理部から供給物の種類・単価が示されること、②契約は一年更新であること、③供給者は呉海軍経理部もしくは艦船団隊庁の随時注文に応じ、指定の日までに所要品量を所定の糧食品受渡所に持込むこと、④供給物品は呉海軍経理部もしくは艦船団隊庁において検査の上で受領するが、品質不良の場合には供給者に代品を供給させること、⑤供給者は物品の容器・容量・荷造・運搬方法などに関して呉海軍経理部の指示に従うこと、⑥呉海軍経理部長は官吏に随時供給者の物品貯蔵場、製造場、屠殺場等を臨時検査させること、⑦官の都合により契約の停止又は解除の必要があるときには、呉海軍経理部長は契約の全部もしくは一部を停止又は解除する場合があることなどが定められていた。さらに「糧食品供給請負に関する条件」には「誠実なる見積を為し単価は出来得る限り安くすること」という但し書きが付されていた。

当然のことながら、契約内容は需要者の呉海軍経理部側に有利なもので、大賀重太郎の利益はそれほど多くはなかったことが想像される。『佐伯新聞』（一九二一・一〇・九）は連合艦隊が必要とする野菜について、「一万余の大家族であった連合艦隊が佐伯に来航中当地御用商人から買上げた生野菜の総数量は約六万貫であるが、其の内本郡（南海部郡）産のものは約一万貫で其の他の五万貫というものは遠近の郡外各地から移入したものと言う。因みに納入契約の単価は一貫二十六円（筆者、一貫二六銭の誤り）であるから総価格は一万五千六百円になるが利益は多くて五分だと御用商人の大賀氏は語った。」と伝えていた。

連合艦隊は生野菜六万貫（二二五t）を「当地御用商人」から買い上げたが、そのうち五万貫を南海部郡以外の地域から買い上げたという。なお、『佐伯新聞』の記事においては、納入契約の単価は一貫二六円となっているが、「海軍糧食品供給契約書」には一貫二六銭と記載されていることから、『佐伯新聞』の記載内容は誤りである。

大賀重太郎は呉海軍経理部に対する生野菜六万貫の納入額一万五六〇〇円のうち、利益は多くて五分としている。五分を五％とすれば、その利益は七八〇円となる。一九一八年に佐伯町から呉に向かった視察団員の一人、野村愛藏は「（海軍への）現今諸物資の供給は主として呉市の御用商人の手によって納入されて居りますが、米は別として野菜、魚肉、果実など安価に納入して居る様です。海兵の優遇土地の発展を図るには薄利多売主義でなければなりませんが、呉市の商人は実に感心でこの主義でやって居りますので需要者側は利便を感じている様です」と、語っている（佐伯一九一八・一〇・六）。佐伯海軍航空隊の御用商人も薄利多売の営業を強いられていたのである。

佐伯地方から全ての食料を連合艦隊に供給するのは難しかった。そこで海軍は十分な生鮮食料品などを運搬する給糧艦（糧食補給艦）の建造を待ち望んでいた。そして、ようやく一九二四年に給糧艦間宮が竣工した。佐伯地方からの食糧供給の他に、連合艦隊は間宮からも供給を受けた。間宮は日本初の給糧艦で、排水量一万六〇〇〇t、倉庫、貯蔵庫、冷蔵庫、冷凍庫などを備え、獣肉三万四〇〇〇貫（一二八t）、米一四万九〇〇〇貫（五五八t）、魚肉四九〇〇貫（一八t）、野菜一万六九〇〇貫（六三t）などを保管することができた。艦隊支援艦として兵員一万八〇〇〇人を三週間養うことを想定して建造された。また、間宮には食品関係の職人が乗船しており、間宮の艦内でパンやコンニャク、豆腐はもとより、最中《もなか》やアイスクリームなどの嗜好品も作られていた。なかでも、長期保存ができる羊羹《ようかん》も作られ、「間宮羊羹」として人気を集めていた（『日本海軍ロジスティクスの戦い』）。

貸座敷・娼妓・芸妓

遊郭は兵士の性欲を満たし士気を高めるため、軍にとっては必要不可欠なインフラであったとも言われている（『軍隊を誘致せよ』）。遊郭とは遊女屋を集めて囲った区画のことで、遊女屋の公称は貸座敷である。ここで、貸座敷《かしざしき》・娼妓《しょうぎ》・芸妓《げいぎ》などについて簡単に説明を付け加えておく。

明治政府は、一八七二年に芸娼妓解放令を発布し、「娼妓芸妓等年季奉公人」の「一切解放」を命じた。しかし、これは売春を禁止するものではなかった。その後、明治政府は一転して公娼制をとる方針を打ち出し、芸娼妓の取締を道府県などに委ねた。

大分県が発した「貸座敷取締規則」（一九〇〇年制定）によると、県内では明治期に別府港、浜脇村中心街、佐賀関港、下ノ江港、函菭《かんたん》港の五か所が貸座敷営業の許可地域に指定されていた。貸座敷業者は以上の五か所で営業することができた。

「娼妓取締規則」（一九〇〇年制定）によると、娼妓とは公娼のことを指し、居住地は貸座敷許可地域内に制限され、健康診断（梅毒の検査など）を受けた上で貸座敷において営業することができた。

芸妓は客席で陪酌し、糸竹（琴・三味線・笛などの楽器）を披露する女性のことである。貸座敷・娼妓・芸妓の営業上の共通点は、ともに所轄警察署からの営業許可を必要とすることであった。大正期には料理屋・飲食店の酌婦やカフェの女給があらわれ、そのなかに売春をする者もおり、警察の取締対象となった。

佐伯芸妓の線香代

一九二六年、佐伯地方の芸妓による線香代の総売上本数は二七万八七四三本、総売上額は一一万六九三円二〇銭であった。線香代とは芸娼妓を呼んで遊ぶ際の代金のことで、玉代とも言われる。当時の線香代一本の金額は四〇銭であったことが分かる（佐伯一九二六・一・一七）。一九二五年の佐伯町の歳出予算額は八万二〇〇〇円余であった。線香代総売上額はそれより三万円以上も多かった。

月別にみると、売上額一万円を超えているのが、四月・七月・八月であった。四月は佐伯地方で毎年恒例の春祭が行われ、七月・八月は海軍の第一艦隊と第二艦隊が佐伯湾に入港し、佐伯湾や、豊後水道及びその周辺海域で軍事演習を実施していた。春祭と海軍の兵員は、佐伯の花柳界に大きな利益をもたらしていた。軍と花柳界が密接な関係にあったことが分かる。

一九二〇年代前半、佐伯地方の芸妓は七〇人以上いたが、後半には四〇〜五〇人台に減少する。一九二六年の芸妓数は七一人であるから、同年の芸妓一人当たりの線香代年平均売上本数は三九二五本、売上額は一五五九円余（現在の約四〇〇万円）であった。

一九三一年八月に佐伯海軍航空隊の設置が決定されると、佐伯町の有志からは遊郭設置の意見も出され、一時は『豊州新報』（一九三二・一〇・一二）で「佐伯町に遊郭を新設　佐賀関から移転すべく内定」と報じられた。記事の内容は、佐賀関町の遊郭を佐伯町に移転するというものであったが、結果的には佐伯町に遊郭が移転されることなく、構想に止まった。しかし、海軍航空隊の兵員や、同隊建設工事に関わる男性労働者の増加に応じて、佐伯町では料理屋の軒数や酌婦の人数が増加していた。そこで、芸妓・酌婦・女給など、性を売る女性の取締が問題となったのである。

芸妓・酌婦・女給における「有毒者」

表3は『大分県統計書』により、一九三一〜三七年の、佐伯地方における芸妓置屋・料理屋・飲食店・カフェバーの軒数と、芸妓・酌婦・カフェバー女給の人数を示したものである。一九三三年から「警察取締営業」の項目に、新たに芸妓置屋とカフェバーの軒数などが加えられた。これらは、風俗を乱す恐れがある営業、職業として警察署から監視を受ける対象であった。

芸妓置屋は芸妓を抱えて、料亭や飲食店などへ芸妓を斡旋していた。芸妓は娼妓のような売春行為は禁止されていたが、実際、娼妓を兼ねている者や、売春をする者もいた。『大分新聞』

表3　佐伯地方の警察取締営業

年	芸妓置屋（軒）	料理屋（軒）	飲食店（軒）	カフェバー（軒）	芸妓（人）	酌婦（人）	カフェバー女給（人）
1931	−	77	327	−	45	64	−
1932	−	84	337	−	35	88	−
1933	20	54	216	4	39	100	18
1934	21	57	228	4	46	145	21
1935	22	55	250	4	44	153	21
1936	18	90	243	−	50	145	26
1937	20	80	276	6	48	175	42

『大分県統計書』より作成

（一九一八・二・七）によると、一九一八年二月には佐伯芸妓五九人中一三名が「有毒者」で、この人数は前月の半数であったと報じている。「有毒者」は梅毒・淋病などの性病罹患者を示していると思われ、佐伯芸妓の「有毒者」は同年二月には一三人で、一月には約二六人いた計算になる。その比率は佐伯地方における芸妓全体の二〇～四〇％に相当する。芸妓の多くが売春行為を行っていたことが分かる。

「カフェバー」は本来「カフェ」・「バー」と区別して表記されるべきだが、両者は「洋食や洋酒、ビールなどを提供する、飲食を摂ることを目的とした飲食店」（『史窓』六四号）で、女給がいた点で共通している。昭和初期にはカフェ及びバーの女給のなかには売春をする者もおり、警察の取締対象とされていた。

酌婦は「料理店の客席において酒間の周旋をおこなう婦女」のことで、ほぼ全員が売春行為をしていたという（『慰安婦と戦場の性』）。ただし、表中には私娼の人数は把握されていないため、実際売春を行っていた女性の数はさらに増える。

一九三三～三七年の間、佐伯地方では芸妓置屋の軒数は二〇軒程度、カフェバーは四〜六軒であった。料理屋と飲食店の軒数は増加傾向にあり、なかでも、そのほとんどが売春をしていたとされる酌婦は、佐伯海軍航空隊の設置が決まった一九三一年に六四人、一九三七年に一七五人と急増している。

佐伯海軍航空隊と花柳街

一九三四年頃の「佐伯花柳界」の女性たちは、佐伯検番の下にいた芸妓五〇人余と、第二料亭の酌婦八〇人《(ママ)》、その他水仕・仲居などに別けられ「サービスガール」に含まれる女性など、合計すると二〇〇人以上いたという（豊州一九三四・一〇・八）。水仕とは料亭などの台所で水仕事をする下女のことである。水仕のなかにも売春をしていた者がいたようである。佐伯町の第二料亭とは、その文脈からして酌婦・水仕などが働く料亭や飲食店と考えてよさそうである。佐伯海軍航空隊は、第二料亭が一区画内に結集して営業することを希望していた。佐伯海軍航空隊としては、売春が行われる可能性が高い料亭や飲食店を一区画に集め、隊員の行動を統制する狙いがあったと思われる。

佐伯町の第二料亭の営業者は、佐伯海軍航空隊からの要望を受け入れて、第二料亭を向島《ほうじま》の一区画に結集させることを計画した。村上組が向島の土地の一部を買収し、第二料亭三〇棟を建設する予定であった。しかし、資金難からその計画は中止され、佐伯海軍航空隊の意に反して、佐伯町の第二料亭営業者の一部一一人が中村にある佐伯高等女学校付近の一区画に結集する計画を立てたのである。第二料亭営業者は一五棟の設計が終わり、同隊に対して店舗建設の了解を求めた。佐伯海軍航空隊の幹部は、料亭建設に口を差し挟む権利はないとしながらも、第二料亭を一区画に集結させることができないことに不満をもらした。

結局、佐伯町の第二料亭は京町（裏の丁）や、葛港、中村などの地区に分散して立地することになった。『豊州新報』（一九三六・一一・二二）は、「佐伯航空隊では佐伯町花柳街の葛港樹村町付近及び本丁筋（池船町）、中村筋の第二料理屋を従来禁止家屋としていたが、去る十七日附で、一般下士官兵の出入を許可したが、之により佐伯町内で水兵さんの行かれぬところはなくなったわけだが、此の際各営業者は充分衛生方面に徹底的に注意されたい」と報じた。記事にある「第二料理屋」とは、おそらく第二料亭のことであろう。一九三六年頃、海軍航空隊の兵員たちは、芸妓や酌婦などがいる京町や葛港地区周辺、佐伯高等女学校付近にある料理屋や飲食店などに足を運ぶようになった。

芸妓・酌婦と性病

大分県では、一九〇九年に「芸妓取締規則」が改正され、芸妓の健康診断が義務づけられた。芸妓の多くが売春を行っていたからである。一方、酌婦・水仕に関しては法的に健康診断が義務づけられていなかったが、『豊州新報』（一九三二・一・七）は「佐伯町第二料理組合では、過日同町に酌婦の療養所を設置して病気に罹《かか》りたる者は全部療養所に入所させ、治療をなさしめ且つ一ヶ月四回の健康診断をなすことになり、去る三日酌婦水仕八十九名に対し検査をなした処、内十人は有病者と診定されて入所、治療しているが今後厳重なる健康診断を励行する筈」と報じた。佐伯町の第二料理組合（第二料亭の組合のことか）は酌婦の療養所を設けて、有病者はすべて療養所に入所させるこ

1937年　佐伯検番　佐伯市教育委員会所蔵

と、酌婦に対して一か月に四回健康診断を実施することを決定した。そして、一九三二年一月三日に八九人の酌婦・水仕に対して健康診断を実施した結果、そのうち一〇人が性病患者と診断され、療養所に入所のうえ治療を受けさせることにした。

このように第二料理屋組合は療養所を設け、酌婦・水仕に対する健康診断を実施し、性病に罹った酌婦を入所させていた。また、一九三三年一月に同組合は、酌婦が発病した場合には、警察署に届出るとともに、療養所に入所させることを改めて申し合わせた。佐伯町の第二料理組合は自主的に健康診断を行い、性病まん延防止の対策を打っていた（豊州一九三三・一・一〇）。しかし、これらは自主規制であり、徹底することは難しかった。

一方で、一九三三年六月一三日に「娼妓取締細則」が改正され、娼妓の外出が許可制から届出制に改められた。また、芸妓・酌婦等の外出は届け出制から、届出不要になった（佐伯一九三三・六・二五）。芸妓・酌婦に対する取締は緩和され、性病がまん延する可能性が高くなった。さらに、佐伯町第二料理組合は県に酌婦の線香代を申請したところ、同年一一月一〇日に認可が下りた。酌婦に対しても芸妓と同様に三時間以内一円、六時間以内二円の線香代が支払われることになった（佐伯一九三三・一一・一二）。佐伯海軍航空隊は兵員の風紀の維持や性病対策に追われることになる。

佐伯海軍航空隊の性病対策

性病のまん延は佐伯海軍航空隊にとって大きな問題であった。「新入隊者参考書」は、「隊外に於ける間違」のなかで、同隊の兵員に対する風紀の乱れを戒めていた。「新入隊者参考書」は先ず、「軍港から離れているので佐伯の町に外出すると兎角風紀が乱れ勝で、折角の堅い決心を忘れ様とするものがある。飲食店、カフェー、料理屋等は特に風紀が悪くて、此んな所へ繁《しげ》く出入する様になれば身の破滅を来す基である」と、兵員に対し風紀粛正に関する心構えを示していた。

ところで、性病に罹患した陸海軍兵員はどれほどいたのだろうか。早川紀代編『陸軍に於ける花柳病』によると、陸軍では一九一二～二五年の年平均の性病（花柳病）罹患者数は五二〇七人、兵員一〇〇〇人当たりの罹患者数は二五人、比率は二・五％であった。同期比海軍は一〇〇〇人当たり一一六人、比率一一・六％と、海軍兵の性病罹患率が陸軍よりはるかに高かった。また、同書では、性病のまん延が陸軍に及ぼす影響として、「兵員の損耗」「軍事教育上に及ぼす影響」「軍経理上に及ぼす影響」をあげている。

「兵員の損耗」では、徴兵検査において性病を理由として、叙役者・帰郷者がいることをあげている。叙役とは退役のことである。わずかではあるが、死亡する兵員もいた。何といっても兵員の減少は軍にとって大きな傷手であった。「軍事教育上に及ぼす影響」では、「兵員の損失に止まらず之が治療には年々多大の日数を要し軍隊教育を阻碍《そがい》すること大なるものあり」としている。性病に罹患した陸軍の兵員に対する平均治療日数は二九日であり、この間十分な軍事教育を行うことができない影響は大きかった。「軍隊経理上に及ぼす影響」としては、「年間を通し疾病の為兵業に服する能はざるものにして、啻《ただ》に軍隊教育上に於ける支障たるのみならず之が治療と休養とに要する費用は乃ち軍隊経理の損失」であるとしている。

そこで、「新入隊者参考書」によると、佐伯海軍航空隊では「軍医長通達」により、性病まん延防止策を次のように定めていた。その通達によれば、遊女屋で自らが行うこととして、①性交前に「シークリーム」を塗布すること、②「サック（コンドーム）」を装用すること、③性交後放尿し清水を以て陰部を丁寧に洗浄すること、④洗浄後「シークリーム（殺菌軟膏）」を塗布し注入すること、⑤妓楼（遊女屋）名および芸妓名を確実に記憶しておくことなどが示されていた。また、帰隊後には速やかに軍医の疾病検査を受けて予防すること、性病罹患者は全治後一か月外出を停止することなども付け加えられていた。

佐伯海軍航空隊は一九三四年九月に、佐伯警察署長に対して、性病根絶のため町内の酌婦・水仕の取締りを要求していた（大分一九三四・九・一四）。一九三八年に同隊は警察署や憲兵隊に協力を求め、飲食店組合の水仕の性病検査を実施したが、これに応じなかった飲食店一六軒への下士官兵の出入を禁止した（佐伯一九三八・五・八）。同隊内で、兵員の性病罹患が大きな問題になっていたことが分かる。

佐伯町では警察署が売春行為に対して監視および取締を行うほか、第二料亭組合が自主的に対策を取ったが、性病まん延に歯止めを掛けることは難しかった。佐伯海軍航空隊の隊内でも、風紀を正し、性病防止の対策をとったが不十分であり、隊内での性病のまん延が大きな問題になりつつあったことが想像される。

第八章　佐伯町の変容

近代の南海部郡、佐伯町はどのような姿をしていたのであろうか。また、佐伯海軍航空隊が開隊した後、佐伯町は経済的にどのような変化をとげたのであろうか。軍都や軍港都市の周辺地域は経済的に潤うと言われている。小規模な軍隊を抱えた軍都の経済的変化について述べる。

近代の佐伯町

佐伯町は西部を山地で囲まれ、東部は豊後水道に面し、リアス海岸が続く。かつては、陸上交通の便は悪く、陸の孤島と呼ばれる地域が山中や海岸沿いに散在していた。南海部郡は水田が少なく、畑地が多い。人々の生活は貧しく、出稼ぎをする者が多い地域であった。一九〇二年現在、大分県内一二郡の中で、農家一戸当たりの米の生産量は玖珠郡の九・八石（一石は米約一五〇kg）に対し、南海部郡は三・九石であった。その値は玖珠郡の半分にも満たず、大分県内では最も少なかった。一方で、南海部郡の甘藷（サツマイモ）の生産量は、他郡を大きく引き離し県内では最も多かった（『大分県統計書』）。南海部郡では多くの人々が甘藷を主食とし、また、海産物などを売買・交換するなどして生活必需品を手に入れて生活をしていた。

佐伯地方では、江戸時代、「佐伯の殿様浦でもつ」とも言われ、古くから水産業が盛んであった。また、林業も盛んで、一九二二年における南海部郡の杉・松・薪炭材・木炭などの林業生産額は四五〇万円（現在の約一三五億円）で、この額は同年の漁業生産額よりも多かった（鶴谷佐藤蔵太郎旧蔵資料「稿本類」41）。なかでも、南海部郡の木炭生産量は一九〇三年に県内総生産量の五〇％を占めており、明治期から大正期にかけて、南海部郡は大分県内最大の木炭生産地であった。

一九二〇年代の日本は、恐慌の連続であった。第一次世界大戦中（一九一四〜一八）に、日本国内は空前絶後の好景気であったが（大戦景気）、戦後は需要が急速に縮小して恐慌に陥った（戦後恐慌）。これにより、南海部郡も経済的に大きな影響を受けた。

一九二三年九月一日に起きた関東大震災は日本全国に経済的打撃を与え、佐伯地方の銀行は政府による緊縮財政のために資金不足に陥り、商工業者は不況の渦に巻き込まれた（佐伯一九二三・一〇・一四）。

さらに、その後、一九二七年三月一四日、若槻礼次郎内閣の片岡直温《なおはる》蔵相は、東京渡辺銀行が破綻したと失言したため、全国の銀行で取付け騒ぎが起きた（金融恐慌）。若槻内閣を継いだ田中義一内閣は、銀行救済のためにモラトリアム（支払猶予令）を発布した。佐伯町内の銀行は四月二二・二三日一斉に休業すると（佐伯一九二七・四・二四）、多少の取付けはあったが、大きな騒動に発展することはなく経済の動揺は沈静化した。しかし、この恐慌の中で、一九二八年に佐伯銀行が中津市の豊前銀行に併合され、佐伯地方に本店を置く銀行は百九銀行（大株主は毛利高範）のみとなった。

一九二九年一〇月二四日に、ニューヨークのウォール街で株の大暴落が起こり、日本の国際収支は一気に悪化した。また、多くの企業が倒産し、労働者の賃金切り下げが行われ、人員整理などにより失業者が増加した（昭和恐慌）。一九三〇年六月に入ると経済の様子は激変し、佐伯地方の繭一貫（三・七五kg）当たりの価格は、一九二六年に七・五円であったが、一九三一年には二・六円と、約三分の一に下落していた（佐伯一九三〇・八・三）。

一方、一九三〇年、農産物の生産は全国的に大豊作で、農産物価格は暴落し農村では豊作飢饉が起きていた。翌年は一転して、東北と北海道において冷害による大凶作がおき、同地方では約四五万人が餓死の線上に立たされた。不況のために都市の失業者が帰農したため、東北地方を中心に農家の困窮は著しく（農業恐慌）、貧しい農家の中には娘を私娼として売り払った者もいたことが伝えられる。大分県でも、一九二九年に一石（約一五〇kg）二〇円台後半であった米価が、一九三〇年は一六円台に下落しており、新米一俵（約六〇kg）を六円で「捨て売り」する者もいたという（佐伯一九三〇・一一・九）。また、佐伯町では、一九三二年六月現在の農家戸数四三五戸のうち、「負債を有する農家は其の半数以上の二百六十戸」に及び（佐伯一九三二・六・二七）、当時、佐伯町の農家戸数の六〇%に当たる二六〇戸が何らかの負債を負っていた。

この打ち続く恐慌のなかで、持ち上がったのが海軍航空隊の設置問題であった。海軍は航空兵力強化のために、九州東岸の一か所に海軍航空隊の設置を計画した。海軍航空隊設置による経済効果を期待して、九州東岸の各地では激しい誘致運動が起きたのである。

佐伯町の中心市街地

近代、南海部郡の商工業の中心地は、江戸時代の旧城下町を中心市街地とする佐伯町であった。佐伯町大手前の東側を内町、南側を船頭町と呼んだ。大手前・旧城内・山際・西谷などには官公署、諸学校、旧士族の邸宅などが建ち並び、北部の葛港周辺にも商店が見られた。一九一六年に佐伯駅が開業すると人通りが増加し、佐伯駅と葛港周辺には飲食店や商店が開店した。また、佐伯駅と大手前を結ぶ通りにも商店が立地するようになった。

一九二二年現在、佐伯町では銀行八行、会社一二社が見られたが、その他多数の商業店舗はいずれも小規模であった。一方、工業においては、大工職・左官職・船大工職・製材・傘職などを営む職人が多く、佐伯町は土木建築業・造船業（木造）・林業が盛んな町であったことが分かる。町内で最も多かった工場は製材工場の八か所で、一九二六年に海崎地区で操業を開始した日本セメント佐伯工場（現太平洋セメント）は佐伯地方最初の大企業であった。

一九三一年、佐伯町で海軍航空隊建設の関連工事が始まると、町外から人々が流入して町内の人口が増加した。向島周辺には飲食店などが建設され、佐伯町の東から東北部にかけて道路や宅地が整備され、次々に住宅が建設された。上水道も敷設され佐伯町内の児童の増加にともない佐伯東小学校も新設された。また、佐伯町では、長島川と中江川には、それぞれ橋が建設され、佐伯駅から

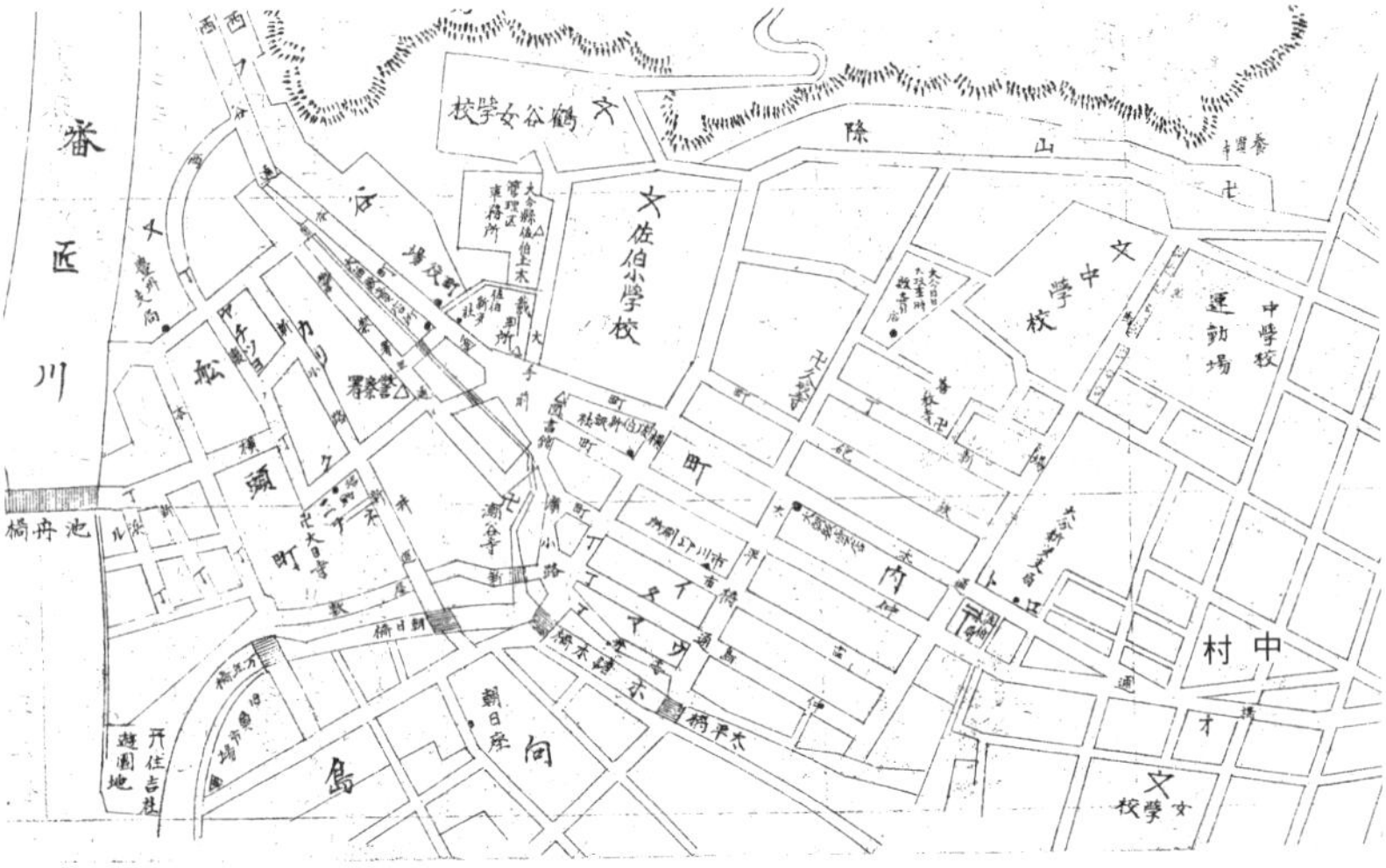

図7　1927年　佐伯町中心市街図
（海軍優待と佐伯町商店案内（チラシ裏面）佐伯市平和記念館やわらぎ所蔵

海軍航空隊へ通じる道路や、佐伯海軍航空隊と佐伯町中心市街地を結ぶ幹線道路も建設され、大手前周辺の道路はコンクリートで舗装された。このように、佐伯海軍航空隊の設置とともに佐伯町のインフラ整備は進み、都市景観は大きく変容した。

人口の変化

一八八九年に佐伯町が発足。一九三七年に鶴岡村・上堅田村と合併して新佐伯町となり、一九四一年に佐伯町と八幡村・大入島・西上浦村が合併して佐伯市が発足した。この佐伯市の区域を佐伯市域として、人口に関する説明を進める。

『大分県統計書』によると、一九二五年の佐伯市域の人口は二万七三四二人で、そのうち佐伯町の人口は一万一〇四六人と、佐伯市域の四〇％を占めていた。佐伯海軍航空隊が開隊した後、一九三五年現在の佐伯市域の人口は三万二八六二人で、一九二五年に比べ五五二〇人増加した。ただし、佐伯町の区域だけで四四五二人が増加しており、佐伯市域の人口増加の大部分は佐伯町の人口増加によるものであった。佐伯市域中、一九二五～一九三五年までの一〇年間で、佐伯町のみ人口が四〇％増加しており、一方で、佐伯町を除く佐伯市域の人口は同期比七％の増加に止まっていたのである。

その後、一九三五～一九四〇年の佐伯市域の人口は、三万二八六二人から三万二五〇五人へと減少した。佐伯海軍航空隊の施設建設工事が始まった直後から人口は増加したが、竣工後は人口の増加はみられなかった。佐伯海軍航空隊が設置されることにより、佐伯市域では佐伯町の区域における人口が相対的に増加したと言える。しかし、師団が所在する中核都市や軍港都市のように人口が劇的に増加したわけではなかった。

軍隊が及ぼした経済効果

表4は一九二八年と一九三六年の、佐伯市域における商業店舗数および営業者数（店舗・業種ともに抜粋）を比較したものである（『大分県統計書』）。酌婦は四四人から一四五人、料理屋は五六軒から九〇軒へと急増し、木賃宿・下宿屋の軒数、獣肉販売業者・獣肉行商人も増加している。同期の佐伯市域の会社数を比較すると、一九二八年の会社数は一四社であったが、一九三六年は五〇社と、三・五倍に増加している。会社の多くは佐伯町に所在していたと思われる。また、一九三七年一月現在の佐伯町における職業別戸数は、商業一二九八戸、公務自由業四九六戸、農業四三〇戸、工業三〇八戸、交通業二〇三戸、水産業九四戸、その他三六六戸、計三一九五戸で、そのうち商業戸数が四〇％を占めていた（「昭和十一年度起町村合併一件　佐伯町役場」）。

表7　佐伯地方の職業比較（抜粋）

業種	1928年	1936年
芸妓（人）	45	50
芸妓置屋（軒）	–	18
酌婦（人）	44	145
飲食店（軒）	288	243
料理屋（軒）	56	90
獣肉販売業（人）	128	141
獣肉行商人（人）	6	49
屠夫（人）	5	8
牛売買営業（人）	130	178
銭湯（軒）	10	17
旅人宿（軒）	117	75
木賃宿（軒）	9	77
下宿屋（軒）	7	24
遊戯場（軒）	–	14
カフェバー女給（人）	–	26

『大分県統計書』より

一九三五年一月現在で、『大分新聞』（一九三五・一・一九）は佐伯海軍航空隊が佐伯町に及ぼす経済効果を次のように伝えている。同隊主計部によれば、「昨年（一九三四年）四月から一二月までの九ヶ月間に支払った隊員の俸給は八万円で、外に酒保（売店）及び航空隊賄用として御用商人から納入した食糧代、建設工事に必要な諸材料の購入等を併せこれが約一〇万円になるから、佐伯町にバラ撒かれた金は少なくとも一五万円に達し、この外航空隊工事請負の清水組、梅林組、鉄道工業その他の大会社が多数の人夫を使役して落とした金を加えると莫大な額に達し、断然佐伯町に海軍景気の台頭したことを肯《うなず》かせるが、近く飛行場が完成すれば兵員が現在の二倍以上に増加するので、所属将士に対する俸給額も激増し一層活気を呈する」だろうと。御用商人の利益がどれ程かは明らかにできないが、連合艦隊や佐伯海軍航空隊が佐伯町にもたらした経済的効果は大きかったと考えられる。

しかし、『佐伯新聞』によれば、佐伯海軍航空隊の開隊以後、佐伯町は積極的に企業誘致に取り組み、機械工場やデパートなどの進出の話は持ち上がったが何れも構想に終わり、企業誘致は思い通りに進まなかった。

以上のように、連合艦隊や佐伯海軍航空隊による消費は、佐伯町にある程度の経済的利益はもたらしていた。特に軍と直接契約を結んでいた御用商人は一般の商人より多くの利益を得ていたことは間違いないだろう。「昭和十六年　合併一件　佐伯市役所」（佐伯市役所蔵）によれば、一九四〇年現在の海軍関係者の人数は、佐伯海軍航空隊六〇〇人、呉海軍軍需部佐伯支庁関係者一六〇人、呉海軍建築部佐伯出張所関係者五〇〇人、佐伯防備隊兵員一六〇〇人（一九三九年設置）であった。佐伯海軍航空隊の軍事施設は師団に比べて小規模であり、工廠などの施設も設置されなかった。「軍都佐伯」は、海峡防衛、連合艦隊の軍事演習、物資補給の基地としての性格が強かった。「軍都佐伯」は呉や佐世保の軍港のように経済的に発展することはなかったのである。

第三編

日中戦争と佐伯

第一章　挙県一致

一九三七年七月に盧溝橋事件がおき、これをきっかけに日中戦争が始まった。日本政府は国家総動員への体制作りを加速させた。大分県内では行政が主導して、「重大時局」に対する挙県一致への動きを強めた。このようななかで、佐伯町は軍の圧力のもと、国や県の指導に従って周辺自治体と合併し一九四一年に佐伯市が発足した。

北支事変解決の市町村民大会

一九三七年七月七日の夜に、日本軍は中国の永定河にかかる盧溝橋付近で夜間演習を実施していた。永定河対岸に駐屯していた中国軍側から銃声が聞こえ、これがきっかけとなり日中両軍が衝突する事件に発展した。盧溝橋事件である。現地では七月一一日に日中両軍が停戦協定を締結したが、同日、日本政府が華北への派兵を決定したために、日中両国の全面戦争に発展した（『日中全面戦争』）。

近衛文麿内閣（一九三七年六月に組閣）は言論界、政界、財界の代表に挙国一致の協力を求め、国民からの支持を得るために青年団、青年学校、中学校、女学校、小学校をはじめ、各種団体・学校に対する宣伝啓蒙運動を行うことにした。（大分一九三七・七・一三）

また、一九三七年七月一五日には東京の首相官邸において緊急の地方長官会議が開かれ、近衛文麿は「派兵の大義名分を国民に徹底せしめよ」と訓示し、また、馬場鍈一《えいいち》内務大臣は、動員、徴発、治安維持、軍事扶助、防空、防疫、民心指導などを行い、重大時局に対処するように訓示した（大分一九三七・七・一六）。すると、戦時気分は一気に高揚し、その直後から大分県内の各市町村では市町村民大会が挙行され、挙国一致により北支事変の解決に邁進すべきとの決議が次々となされた。

一九三七年七月一五日、別府市で県内最初の市民大会が挙行された。同大会は別府市公会堂にて市長、市会議長が主催し、挙国一致で北支事変（後、九月二日の閣議により北支事変を支那事変に変更）の解決に邁進すべきとの決議がなされた。七月一六日、中津公園広場で北支事変に対する中津市民大会が、市内各戸から一人を動員して開催された。七月一七日には、県公会堂において大分市の市民大会が開催された。同大会では、永見俊徳《ながみとしのり》豊予要塞司令官が「事変の原因と今後への覚悟」という演題で講演を行った。永見は中国政府が抗日、排日、侮日《ぶにち》（日本を侮辱すること）の行動をとり、更にソ連と提携して日本を攻撃してきたことを事変の理由にあげ、聴衆に対しては「現政府の国策を絶対に支持するように」呼びかけた。市当局はあらかじめ区長、学校、官庁、団体を通じて、なるべく多数が大会に参加するように呼びかけていたが、参加者は約一万で大分市当局の予想を大きく下回った。同日、津久見町でも赤八幡社にて、町民三〇〇〇人が参加して町民大会が挙行された（大分一九三七・七・一八）。七月一八日に大分郡西庄内村、七月一九日直入郡竹田町（大分一九三七・七・二〇）、七月二〇日に北海部軍臼杵町、玖珠郡森町、南海部郡の佐伯町・堅田村・鶴岡村で対支町村民大会が挙行された。南海部郡では開催時間を変えて上堅田小学校（参加一〇〇〇人）、鶴岡小学校（同一二〇〇人）、佐伯小学校（同四〇〇〇人）の三か所で町村民大会が挙行され、講演会や決議文の採択などが行われた（佐伯一九三七・七・二五）。『佐伯新聞』は佐伯町の参加人数を四〇〇〇人としているが、『大分新聞』は六〇〇〇人としている（大分一九三七・七・二二）。いずれにしても多数の町村民が参加し、戦時気分が高揚していたことがわかる。

満州事変の時と異なり、政府が中国との対決姿勢を早くから表明していたために、早い段階から市民大会が開催された。政府は、中国との戦争を遂行するために、北支事変の武力解決に対する国民の支持を得ることに心血を注いでいたことが分かる。一方、市町村は中央政府や県からの指導に沿って、中津市のように市内各戸一人の参加など動員を行い、市民大会を盛会にしようと努めていた。しかし、七月二〇日に県が主催した時局大懇談会で、大分市長は「大分の市民大会の集りが少なかったと言うのは遺憾である。どうした間違いか。私は大分市民は十分の熱を以て《ママ》いると云うことを釈明しておきます」と述べた（大分一九三七・七・二一）。市長は市民の動員が上手くいかなかったという思いがあった。ここでも、戦争に熱狂することなく、無言で冷ややかに戦争を見つめる人達がいたことがわかる。

一九三七年七月一八日に粟屋仙吉知事（一九四五年八月六日広島に原爆が投下された時の広島市長）が大分に着任した。重大時局に対処するため、県民一致体制の構築を表明した。

七月二〇日午前、県庁職員に対して時局対策の訓示を行い、同日午後には県会議事堂において県下各団体の代表と懇談会を開催した。県会代表一二人、市町村長代表五人、学校関係代表四人、産業団体代表一七人、経済金融機関代表三人、教化団体代表一八人、社会事業団体代表七人、その他団体代表二四人、政治家代表一〇人、新聞社代表八人、オブザーバーとして県下各役所の官吏一五人など計一二三人が出席した。懇談のなかでほとんどの出席者が、挙県一致を強調する言葉を述べた（大分一九三七・七・二一）。七月二一日、県社会課は軍事扶助関係団体代表の出席を求め、県教育会館において、支那事変に対して軍人の慰問、軍人遺家族の扶助について具体的方針を決定し、各団体の連携を密にするための打合せを行った。軍事扶助関係団体とは、帝国軍人後援会大分支部、愛国婦人会大分県支部、帝国在郷軍人会大分支部、日本赤十字社大分支部、恩賜財団済生会大分県支部、大日本国防婦人会大分支部、帝国在郷軍人会久留米支部、日田郡連合分会であった。七月二二日には県教育会館において、「挙県一致重大時局対策」を協議するために、県下市町村長会議が開催された。粟屋県知事、相野田総務、野間警察、越野経済、磯部学務の四部長と各課長、朝吹亀三大分市長、別府市長代理、中津市長代理、町村長など一七〇人余が出席した。政府の方針を絶対に支持し、その遂行に全力を捧げること、従軍将兵の銃後に最善の努力をすることなどの決議が行われた（大分一九三七・七・二三）。

七月二三日、県教育会館にて、県下公私立中学校長、青年学校長、小学校長会議を開催した。粟屋知事、磯部学務部長、松阪視学官、主事視学をはじめ四六五人が出席した。粟屋知事は、挙国一致を実現するために児童の教育、地域民の教化に務め、銃後の後援に尽くすように訓示した（大分一九三七・七・二四）。このように大分県下では七月に政界、経済界、教育界、軍事扶助などの諸団体が、県の主導の下に挙県一致して国策遂行に協力する方向に進んでいった。

一九三七年八月二四日には、近衛内閣は「挙国一致」「尽忠報国」「堅忍持久」の三つのスローガンを掲げた「国民精神総動員実施要綱」を閣議決定した。そして、一〇月一二日に国民精神総動員中央連盟が結成され、一三日から一週間、全国的に国民精神強調週間が始まった（大分一九三七・一〇・一三）。国家総動員への動きが本格化した。

新佐伯町の成立

一九三〇年から全国に波及した昭和恐慌のもとで、県は小町村の合併と行政の「経済化」を強調した。恐慌を背景とする財政規模の拡大と、租税負担の軽減をめざしたものである（『大分県史　近代篇Ⅳ』）。一方、佐伯町では一九三一年八月に海軍航空隊の設置が正式に決定されると、都市整備のあり方や、市制施行などが大きな話題になっていた。

そのようなとき、一九三四年二月に内務省は佐伯町に対し、鶴岡村と上堅田村を都市計画区域に組み入れることを示した（豊州一九三四・二・一八）。そして、同年五月二三日の内務省告示により、佐伯町に対して都市計画法の施行が決定された（佐伯一九三四・五・二七）。その直後の六月五日には佐伯町役場において、県当局の立会の下で佐伯町・鶴岡村・堅田村三町村の代表により、都市計画区域に関する協議が行われ、「意見の一致」がみられたという（佐伯一九三四・六・一〇）。これにより、佐伯町・鶴岡村・上堅田村の合併への道筋が定まったといえる。しかし、のちに内務省と県から佐伯町に示された案は、佐伯町・鶴岡村・上堅田村・八幡村の一町三村による合併案であった。

ところが、県による合併奨励に対して、八幡村は、自村が農村部に該当し不利益を被ることを恐れ、合併協議から離脱した。その結果、合併協議は佐伯町・鶴岡村・上堅田村の一町二村により進められ、一町二村を解体し、一九三七年四月一日に三町村は合併し、新佐伯町が誕生したのである。

軍刀手に「イエス」か「ノー」か

「昭和十六年　合併一件　佐伯市役所」によれば、佐伯防備隊からの要望により、佐伯町長高司正直は一九四一年一月二一日に八幡・西上浦・大入島の各村長に対して、助役同伴で佐伯町役場に参集することを要請した。その目的は町村合併に関する協議をすることにあった。その協議後、一九四一年一月二三日に佐伯町役場において、隣接村合併に関する協議会を再び開催した。出席者は佐伯町長高司正直・同助役木村茂、八幡村長末尾角蔵・同収入役菅喜三郎、西上浦村長西島弥作・同村助役石田円作、大入島村長安藤利七・同村助役平川繁であった。また、そこには大分県官種田猛夫、憲兵先遣隊長吉原左二、佐伯警察署長重見澄蔵が同席していた。この会において、出席者全員一致で国策に沿って合併を行い、協力して大佐伯建設に尽力すること、各町村五人の委員を選任し、二月一〇に佐伯町役場で協議会を開催することが決定された。

佐伯町役場では一月二四日に合併委員会を開催し、高司町長・木村助役と合併委員が二月一〇日に向けての対応策を話し合った。そのなかで、八幡・大入島・西上浦の三か村は軍からの要望を理由に合併に従う意向を示し、佐伯町は三か村から出された要望を含む合併条件に応ずることを決定した。ただし、この決定は、軍の強い圧力によって実現していた。当時この委員会に参加していた大入島村助役の平川繁は一九九一年に当時を振り返り、「合併は軍部の圧力による強制的なもの」で、「当時の海軍航空隊の司令官が村の幹部や議員を司令官室に呼びつけ」、合併に対して「軍刀を持ってイエスかノーを迫った」と語っている（合同一九九一・八・二六）。軍による要望ではなく、軍の圧力により行われた合併であったのだ。以後、数度の委員会を開催し、四町村の合併条件について意見が一致した。四町村は各町村議会を開催して決議を行い、天長節（天皇誕生日）の四月二九日に一町三村を解消したのちに合併して佐伯市が発足することになった。

一九四一年四月一二日に、内務大臣平沼騏一郎は各町村会に合併についての答申を求め、各町村長とも「異議なし」と答申した。「昭和十六年　合併一件　佐伯市役所」には「町村配置ヲ必要トスル理由」のなかで、軍事的理由が重要であると述べている。その内容は、佐伯海軍航空隊や佐伯防備隊が設置され、さらに軍事施設の増設が想定されるなかで、これに関係が深い佐伯町・西上浦村・八幡村・大入島村が合併して、高度国防国家を支えつつ大佐伯市として発展するというものであった。かねてより佐伯町は市制への移行を強く希望していたが、これは軍の強い圧力を背景に実現したのである。こうして一九四一年四月二九日に、佐伯町・八幡村・大入島村・西上浦村の四町村の合併により佐伯市が誕生し、八月一二日に元豊予要塞司令陸軍中将郷田兼安が初代佐伯市長に選任された。

第二章　戦争と教育

以前から、私は教育に戦争責任はなかったのか、という疑問を持っていた。日中戦争以後の学校における戦時教育の様子は知られている。しかし、それ以前、明治期から学校教育の「体操科」のなかに、軍事的要素を持つ教練が組み込まれていたことはあまり語られていない。教練（教育）が軍国主義、国民統合に対して果たした役割の一面を述べてみたい。

教練のはじまり

現在各学校で行われている授業教科の体育科は、戦前においては体操科と呼ばれていた。一八七三年の「改正小学教則」により小学校において体操科が規定され、一八八六年小学校令の制定により、体操科の教材は「遊戯」・「軽体操」・「隊列行動（男子のみ）」に分類された。「隊列行動」とは、気をつけ、休め等の「整頓」や行進などを行うもので、小学校令により新たに加えられた。

その内容は、概ね陸軍歩兵の訓練などを示した典拠書『歩兵操典』によっている。時の文部大臣森有礼《ありのり》は、兵式による身体訓練により、「敢為の勇気」や「尚武の気象（気性）」などの精神を育成することが必要であると考えていた（『日本大学教育学会紀要』二九）。

一九〇〇年に小学校令が改正され（第三次小学校令）、体操科の授業内容は小学校では遊戯・普通体操、高等小学校では遊戯・普通体操・兵式体操に再編された。兵式体操には、各個教練、柔軟体操、分隊教練、小隊教練、器械体操初歩などが含まれていた。一九一三年に定められた『学校体操教授要目』では、体操科の教材は「体操」・「教練」・「遊戯」に分類された。「教練」に関しては、陸軍の『歩兵教典』に準拠しておこなうべき事項として、「気を付け」「休め」「集まれ」などの集団行動から、中学校においては「執銃中隊教練」まで示されていた。学校教育においては、教練の「軍隊的精神」による教育効果が期待されていた。明治期から大正初期には、すでに学校教育の教授内容の中に軍国主義的要素が組み込まれていたのである。

日露戦争と小学校

『大分縣教育五十年史』には、日露戦争時に大分県内の小学校で行われた教育活動が列挙されている。宣戦の詔勅や戦争に関する勅語の奉読式、戦勝祝賀会の開催、日本軍人の忠勇義烈の精神・赤十字社・愛国婦人会恤兵部・軍資献納国債募集の説明などである。また、学校教育の中で、戦争に関する絵画記念物、軍人の肖像や郷里出身軍人の事蹟などを扱う授業が行われた。速見郡が定めた「出征軍人並其家族救護慰問規定」には、小学校児童が出征軍人の送迎、戦病死者の葬儀に参列することや、出征軍人やその家族を慰問すること、帰還傷病兵に対する訪問、戦死者の葬儀に参列することなどが示されていた。『弥生町誌』によると、南海部郡上野《かみの》小学校（佐伯市）では、日露戦争に際して「戦時国民に賜りたる勅語」奉読式が行われ、生徒たちは出征兵士に慰問状を書いた。そして、一九〇五年一月二日に、県からの指示により、村をあげての旅順陥落の祝賀提灯行列が行われたという。

『大分縣教育五十年史』では、「時局（日露戦争）の教育に及ぼした佳良の影響」として、「教育の盛衰は、戦争の勝敗に影響することを感じ、教育を拡張するの観念を喚起」したこと、「時局が教育上一種の動機となり又は適切な教材を供給し、教育をして極めて実際的に且有効なるに至らしめたこと」などをあげている。そして、「国家的観念並公共心の養成に多大の効果」があったと記している。すなわち、教育が戦争の勝敗に影響を与え、また、日露戦争が「動機」となり、教材を提供して効果的な教育をもたらし、国家的観念と公共心を養成した、というのである。日露戦争が学校教育に対して与えた影響は大きかったことが分かる。

運動会と競技会

日本初の運動会は、一八七四年に東京築地の海軍兵学寮で開催された競闘遊技会とされている。一八八六年に学校令が発布され、これにより体操科が必須科目として設定されることにより、次第に運動会が全国的に実施されるようになった。

日清戦争は、運動会が全国で主要な学校行事になるきっかけとなった。兵士の凱旋を祝して、兵式体操や軍隊式の行進が行われる大規模な運動会が開催されたのである。運動会は国旗・万国旗が飾られ、勅語捧読、君が代吹奏合唱などの儀式が行われるなど、国家的行事としての性格が強かった。なお、戦後の運動会は各学校で実施されているが、戦前は郡内の小学校が連合して実施する体育会も開催されていた。南海部郡では南海部郡教育会が主催して、毎年郡内三六小学校が、佐伯中学校運動場において、学校対抗により競技を行う連合体育会が挙行されていた（佐伯一九二五・一〇・二五）。

一方で、運動会には、遠足や行軍と区別できない一面もあった。運動会の実施場所は校外の海辺や川原、神社の境内などで、内容も行進を主体とする遠足に近いものが多かった。大正期には、種目が増加して競技中心の運動会へ変化し、開催場所も学校の校庭で行われるようになった（『運動会と日本近代』）。

『佐伯新聞』（一九二六・五・九）は、一九二六年の南海部郡における海軍記念日の行事を、「最勝海《にいなめ》、大入島、因尾《いんび》の三小学校では二十七日の海軍記念日を卜《ぼく》し（特定の日を選ぶこと）少年赤十字団の発会式を挙行。尚ほ佐伯、床木、直見、上堅田、松浦の各校では遠足、体育会、小運動会の何れかを開く筈である」と伝えている。海軍記念日に遠足、体育会、小運動会が実施されることになっており、三種の行事が国家的行事として行われていたことが分かる。『佐伯新聞』（一九二二・五・二八）は「海軍日（海軍記念日）の遠足」の見出しで、「佐伯小学校では昨日の海軍記念日を記念する意味で、各学級夫々遠足を試みたが、中に三四年男女の如きは佐伯競馬場付近並びに土器屋磧《どけやがわら》で、擬戦や看護婦ごっこを行ったそうである」と伝えていた。遠足は教練の一つに数えられる。また、「擬戦」は模擬戦闘のことで、「看護婦ごっこ」は女子児童を看護師に模したものであろう。小学生児童たちは遠足のなかで、戦争を疑似体験していたのである。海軍記念日は各学校にとり、遠足などを行って児童に軍事思想を注入するための重要な行事日であったことが分かる。

なお、一九二五年一〇月三〇日には、向原（由布市）から国分（大分市）にかけての地域で、大分連隊の一年志願兵と大分郡挾間地区の小学生児童約六〇〇人が、連合演習をすることになっていた（大分一九二五・一〇・二九）。これは、教育勅語発布（一八九〇年一〇月三〇日に発布）を記念して、大分郡挾間部教育会の主催により、軍事思想鼓吹を意図して挙行されるものであった。

陸軍現役将校の学校配属

一九二五年四月一三日に陸軍現役将校学校配属令が制定され、中等学校以上の学校で教練を行うために、陸軍現役将校が配属されることになった。配属将校制度は一九一七年頃から政府内で検討されており、文部省と陸軍省などによる協議が行われていた。文部省は現役陸軍将校による教練が徳育を補い、体育にも有効であると考えていた。その一方で、陸軍省は宇垣軍縮により余剰となった現役将校への職務を確保する方法を考えていた。その状況下で実施されたのが陸軍現役将校の学校配属であった（『日本大学教育学会紀要（一九）』）。これにより、配属将校が学校長の指揮監督の下で教練を行うことになり、佐伯中学校でも一九二五年五月までには陸軍現役将校が配属されていた。

佐伯中学校に配属されたのは大分連隊附将校松井直一であった。松井は、教練の時間は一～三年生が週二時間、四・五年生は週三時間で、軍隊の方式をそのまま中学校に導入するのではなく、生徒の精神訓練に重きを置いて指導すると述べている（佐伯一九二五・五・二四）。

『佐伯新聞』（一九二六・一〇・三一）によると、大分県下の各中学校は一九二五年から大分連隊に宿泊して見学をしていたが、佐伯中学校は、「或る事情」（詳細は不明）により実施できなかった。一九二六年一二月二〜四日までの三日間、佐伯中学校の四・五年生一四七名は、連隊営舎に宿泊して兵営生活を体験した。また、同紙によれば、第一日は入舎および物品受領、兵営参観、各個教練、小隊密集、第二日は基本射撃、露営設備、露営撤収、第三日は歩兵中隊の接敵および展開突破、現地における地図の研究等を行うことになっていた。

1936年　佐伯中学校生の模擬戦　佐伯市教育委員会所蔵

一九二七年一二月二四日に、下毛郡尾紀《おき》村（中津市）を中心に県北中等学校連合演習が実施された。中津中学校、扶桑中学校、中津商業学校生徒約二〇〇〇人からなる西軍と、宇佐中学校、四日市農学校生徒約一〇〇〇人からなる東軍が攻防をくり広げた。演習中止後、尾紀小学校庭で閲兵式が行われ、大分連隊長の講評、県学務部長、陸軍第六師団参謀長の訓示を受け終了した。大分連隊からも兵員二〇〇人が東西両軍に分かれて参加していた（大分一九二七・一二・二五）。県内では最初の中等学校連合演習であったと思われる。

そして、次第に中等学校による連合演習の規模は大きくなり、満州事変勃発後、一九三二年一一月二〇、二一日には、別府・亀川間の春来川付近での遭遇戦などを内容とする、県下中等学校連合演習が実施された。午後二時から日没まで大分・別府間の追撃及び退却、夜の大分平野における宿営で終わり、二二日は午前六時の捜索警戒から大分連隊付近で払暁（明け方）戦を展開し、午前九時から一〇時まで練兵場で閲兵及び分列行進を行い、演習を終えた。

『大分新聞』は「この日は初冬とはいへ、演習には誂《あつら》え向きの好天気とあって、学生の意気天を衝《つ》くの慨があり、銃剣をつけ背嚢《はいのう》（方形のかばん）を背負、歩武《ほぶ》（足どり）堂々と進み行く様は、現役の兵隊にも劣らぬ頼もしさを見せたので、第六師団司令部附平野少将や福田中佐等も大いに賞賛していた。演習地一帯はまた一般の見物人で人山を築いていた」と、その時の生徒の様子を伝えた（大分一九三二・一一・二二）。

制服の色が国防色へ

一九三五年一一月二七日から、広島陸軍被服支廠と同廠被服協会支部が主催し、大分市一丸デパートで「国防と被服展」が開催された。県の教育関係者、軍部、県の官吏、一丸デパート社長、豊州新報社長などが招かれた。主催者側の支廠長は、「国民思想は緊密にその時代の衣服に反映する。だから吾々は被服に依って国民思想を改善したいだけです。国民思想の改善は国力の充実となる。国力の充実は戦はずして勝つ唯一の手段である。そこで国民の被服を一致、少なくとも近接して今日の日本精神を世界に強調しようと言うにあるのです。茶褐色は平和、向上、沈着のシンボルである。老若の区別も浮薄遊惰の気分もない。今日お手許に示した布地は茶褐色でもカーキ色でもなく、この国民意識と軍部の主張とを渾然融和した国防色である。」と語った。「国民意識と軍部の主張とを渾然融和」した国防色の衣服が、国民思想を改善し国力を充実させると述べている。この説明を聞いた県の教育関係者は、昭和一一（一九三六）年度の新学期から県下中等学校初年級の制服を国防色に改めることに決めた（大分一九三五・一二・一）。しかし、導入は一年遅れて、一九三七年四月新入生から制服の色が黒色から、鶯茶《うぐいすちゃ》の国防色へと変更された。県学務部長は全国的に「この種の統一」が、二府二〇県に及んでおり、大勢に従ったことを理由にあげている。周囲に従い自らも行うという、国民統合につながる論理である（大分一九三七・一・二七）。国防色とは元来軍服に使用された色であり、学校生徒の制服までも軍隊風に変わっていった。

第三章　重慶爆撃

太平洋戦争下、米軍は一九四四年七月に、マリアナ諸島のサイパン・グァム・テニアンを占領すると、同年一一月から、マリアナ諸島を基地として東京の空襲を開始した。マリアナ諸島の基地から飛び立ったＢ29は、最初は中島飛行機などの軍需工場を攻撃していた。しかし、次第に高高度から無差別爆撃を行うようになった。いわゆる絨毯《じゅうたん》爆撃である（『アメリカ軍の日本焦土作戦』）。

一九四五年三月九日に、マリアナ諸島の基地から米軍の三三四機のＢ29が飛び立ち、三月一〇日の午前零時から東京を空襲した。二時間以上にわたり、低空から爆撃を行い、約二〇〇〇ｔの焼夷弾を投下した。これにより、首都の二六万七一七一戸が焼失、約八〜一〇万人が死亡した。東京大空襲である。その後、名古屋・大阪・神戸・横浜へも焼夷弾を夜間に投下し、その大半が焼け野原となった（『二つの大戦』）。

米軍は沖縄戦を前にして、一九四五年三月一八日、一九日に、米機動部隊の艦上機が、鹿児島県

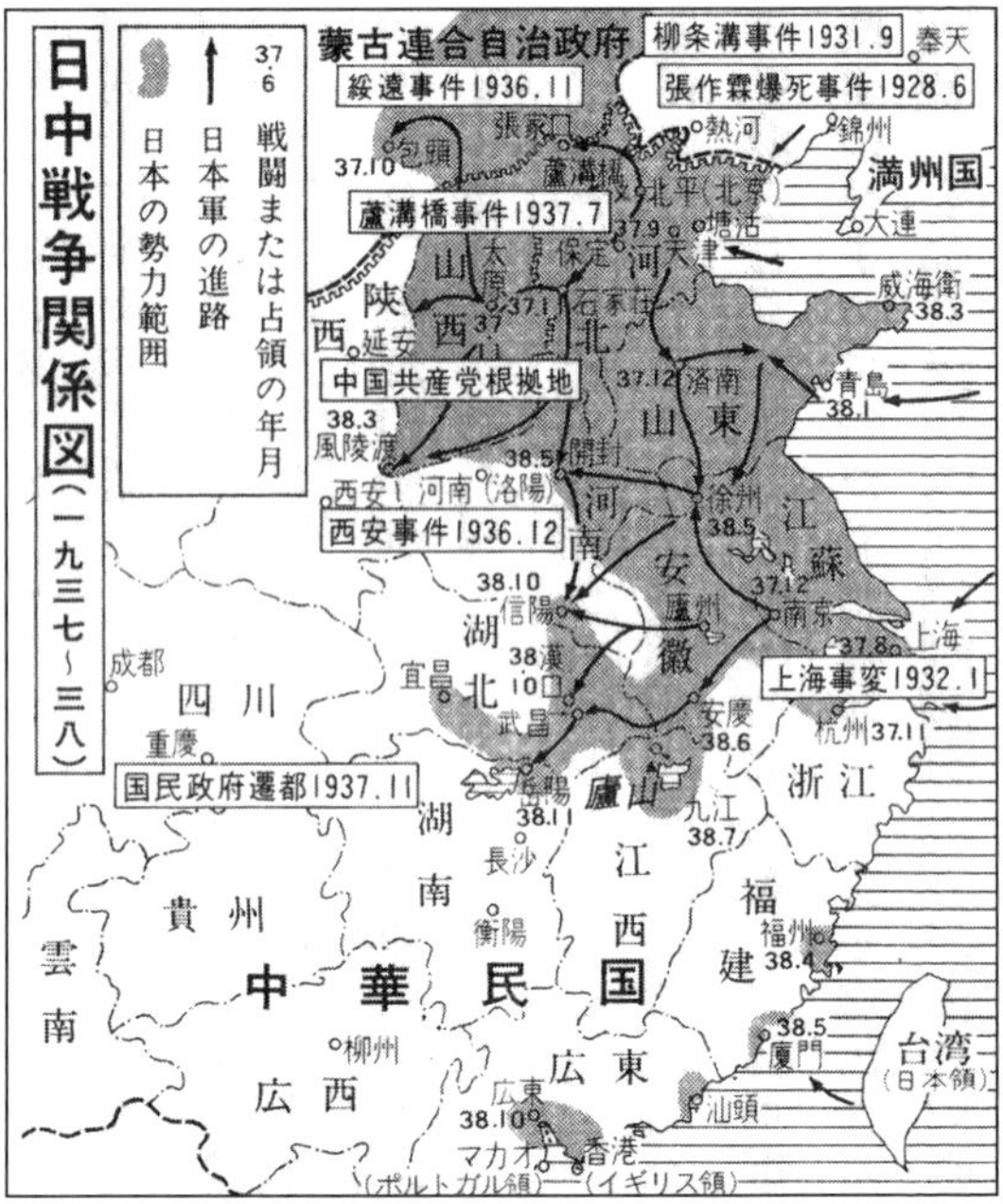

図8　日中戦争関係図　『十五年戦争』より

の鹿屋・出水・西之表、宮崎県の高鍋、大分県の宇佐・大分・佐伯など、九州全域の航空基地、港湾、船舶、交通機関などを空襲した。米軍は円滑に沖縄戦を進めるため、三月二七日から、九州各地に対して、B29による本格的な空襲を始めた（『アメリカ軍の日本焦土作戦』）。日本は米軍機による高高度からの無差別爆撃を非難する。しかし、実際には、日本陸海軍機がそれ以前に、満州事変勃発直後から中国本土への無差別爆撃を実施していた。日中戦争においては、佐伯海軍航空隊も、中国本土の南京・漢口・重慶などへ無差別爆撃を行っていたのである。

錦州と上海への無差別爆撃

一九三一年に起きた満州事変では、日本軍の航空機が中国本土を爆撃していたことはあまり語られていない。日本軍は日中戦争における重慶爆撃以前から、航空機を使用して錦州や上海に対する無差別爆撃を行っていたのである。

一九三一年九月一八日に関東軍は、柳条湖の満鉄附属地内で爆薬を爆発させ（柳条湖事件）、これを合図に中国軍を奇襲攻撃した。関東軍は素早く、吉林省・黒竜江省・遼寧省を統制下におき、欧米諸国の非難を無視して一九三二年三月に満州国の建国を宣言した。柳条湖事件直後に、国民政府の支配下にある張学良は、日本軍に抵抗するために、反撃基地を錦州に移した。これに対して関東軍は一二機編隊で、錦州に対する長距離爆撃を実行したのである。

この爆撃の直前、一九三一年八月には佐伯町に海軍航空隊の設置が決まり、町内は歓喜につつまれていた。町内ではさっそく航空隊の建設工事が始まった。そして、満州事変勃発による対外的緊張を背景に、佐伯海軍航空隊の施設建設工事は急ピッチで進められた。当初の完成予定は一九三八年であったが、それが繰り上げられ、一九三四年に完成した（佐伯一九三二・三・二〇）。そして、一九三七年に日中戦争が始まると、佐伯海軍航空隊は中国大陸に進出し、南京・漢口・重慶への爆撃に加わることになった。

南京爆撃

一九三七年六月、近衛文麿（義父は毛利家一三代当主毛利高範）が内閣総理大臣となり、第一次内閣を組閣した。一九三七年七月七日、日本軍が盧溝橋付近で夜間演習を行っていた際に、中国側から発せられたとされる銃声がきっかけで、日中両軍が衝突する事件が起きた（盧溝橋事件）。現地では七月一一日に停戦協定が成立したが、同日に近衛内閣は華北への派兵を決定した。その後、一九三七年八月九日に大山勇夫中尉が上海で中国保安隊から射殺された事件により上海での緊張が

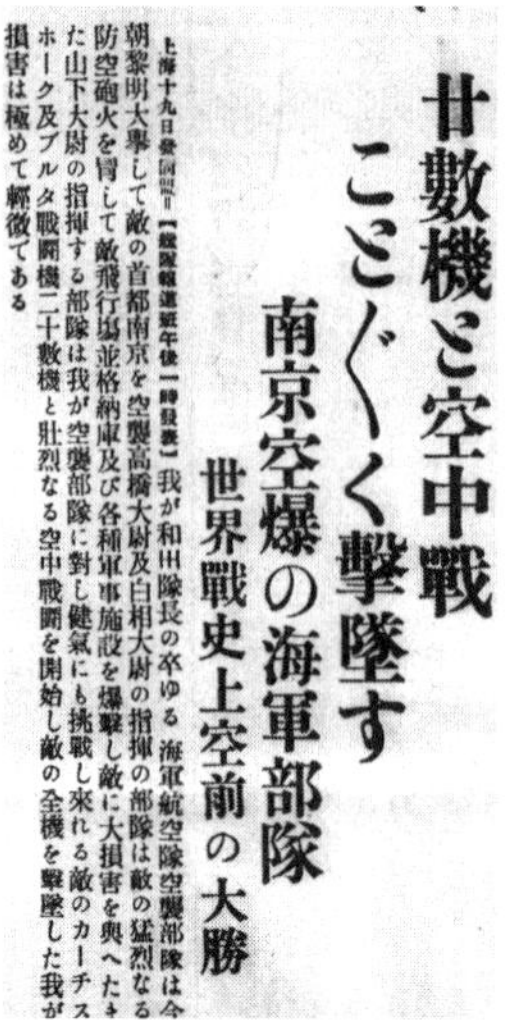

廿數機と空中戰
こと〴〵く撃墜す
南京空爆の海軍部隊
世界戰史上空前の大勝

上海十九日發同盟＝【艦隊報道班午後一時發表】我が和田隊長の卒ゆる海軍航空隊空襲部隊は今朝黎明大擧して敵の首都南京を空襲高橋大尉及白相大尉の指揮の部隊は敵の猛烈なる防空砲火を冒して敵飛行場並格納庫及び各種軍事施設を爆撃し敵に大損害を與へたまた山下大尉の指揮する部隊は我が空襲部隊に對し健氣にも挑戰し来れる敵のカーチスホーク及ブルタ戰鬪機二十數機と壯烈なる空中戰鬪を開始し敵の全機を撃墜した我が損害は極めて輕微である

南京爆撃　1937年9月20日
『大分新聞』より

高まり（大山事件）、八月一三日に日中両軍は交戦状態となった（第二次上海事変）。日本政府は二個師団の上海派遣を決定し、松井石根《いわね》大将を司令官とする上海派遣軍を編成した。松井石根は最初から南京占領を意図しており、物資の現地調達や「捕虜はせぬ方針」をとった。そのため南京では日本軍による略奪や、多数の中国投降兵や捕虜兵、中国市民の虐殺が行われた。これが南京事件である（『二つの大戦』）。

この日中戦争の初期段階から、佐伯海軍航空隊を始めとする海軍の航空機が上海や南京を空から爆撃するなど、中国への侵略に深く関わっていた。日中戦争での都市爆撃の主役は海軍航空隊であった（『空爆の歴史』）。

盧溝橋事件が勃発すると、海軍は七月一一日に木更津海軍航空隊、鹿屋海軍航空隊により第一連合航空隊、佐伯海軍航空隊から三六機を選抜して第十二航空隊、大村海軍航空隊から三〇機を選抜して第十三航空隊とし、両航空隊をもって第二連合航空隊を編成した。このように、盧溝橋事件勃発とともに、海軍では中国派兵の編成が速やかに行われた。

八月一三日に上海で日中両軍の本格的な戦闘が開始されると、八月一五日には木更津海軍航空隊の九六式陸上攻撃機二〇機が、長崎の大村基地を発進して東シナ海を横断し、南京を爆撃した（渡洋爆撃）。

九月一九〜二五日には再び南京空襲作戦が実施され、第十二航空隊が属する第二連合航空隊もこれに参加し、連日にわたり計一一回の空襲を行った（『中国方面海軍作戦〈一〉』）。

一九三七年一二月一日に第十二航空隊が属する第二連合航空隊は、陸軍の南京攻略援護のため、第一空襲部隊に編制された。第十二航空隊は主として南京方面の制空に当たり、一二月一二日に、南京城内陣地および浦口《ほこう》を終日攻撃した。中国軍が汽船で南京を脱出中との情報を得て、第十二航空隊などが揚子江を航行するジャンク・汽船・艦船を攻撃した。そのなかで、米国砲艦パネー号を誤爆して沈没させてしまった（パネー号事件）。米国は日本に抗議したが、日本側が米国に謝罪し、賠償金を支払うことで事態を収拾させることができた（『中国方面海軍作戦〈一〉』）。

一二月一三日に第十二航空隊は南京方面の陸戦協力を行い、陸軍は南京城を完全に占領した。このように、佐伯海軍航空隊からなる第十二航空隊は、陸軍と協力して南京を爆撃するなど、南京制圧に関わっていた。

しかし、一方で中国は一九三七年一一月一七日に首都を南京から内陸部の重慶に移し、日本に対して徹底抗戦する姿勢を示した（『十五年戦争小史』）。

重慶爆撃

近衛文麿内閣は日中戦争の早期解決を図り、ドイツ中国駐在大使であったトラウトマンを仲介した和平交渉を画策した。しかし、その交渉が不調に終わると、近衛文麿は一九三八年一月一六日に「国民政府を対手《あいて》とせず」と表明し、交渉を打ち切った。そして、国民政府の拠点が武漢に移り、日本による中国への侵略は南京から更に西方奥地に位置する武漢へ、さらに首都重慶へと拡大していったのである。

一九三八年八月二二日、漢口攻略作戦が始まり、佐伯海軍航空隊が属する第二連合航空隊は陸軍に協力して爆撃を行い、一〇月二六日に日本軍が漢口に突入し、翌二七日には武漢（武昌・漢口・漢陽）を占領した（『中国方面海軍作戦〈二〉』）。

日本軍は、南京、武漢などを占領したが、武漢より奥地は山岳にはばまれ、長江も激流であったため、重慶に兵を送り込むことは不可能であった。そこで、日本軍は航空機を用いた攻撃により重慶の首都機能を破壊し、蔣介石政権を制圧するという新たな作戦を実行することになった。武漢から約八〇〇km離れた重慶を攻略する手法としては、航空機を用いた作戦以外に選択肢はなかったのである。

陸軍参謀総長からは、「好機に投じ、戦力を集中してとくに敵の最高統帥および最高政治機関の捕捉撃滅につとむるを要す」との指示が出され、国民政府および同政府軍の最高中枢の撃滅を目的とし、毒ガス弾などの使用も許可された。中国の戦争継続意思をくじくための無差別爆撃が許可されたのである。

このように、新たな作戦のもと、「要地攻撃」の最大目標として、一九三九年五月から重慶の爆撃が本格化した。しかし、陸軍の軍事力は不足していたため、海軍航空隊の航空戦力に頼らざるを得なかった。海軍は漢口に司令部を置き、航空隊の主力を第一、第二連合航空隊に配備し、一九三九年一〇月から奥地爆撃を強化した（『重慶爆撃とは何だったのか』）。

こうして、佐伯海軍航空隊から編成された第十二航空隊は、奥地攻撃に深く関わることになり、五月三日に第一回の重慶攻撃を実施し、以後、重慶を中心に四川省方面の要衝を空爆した。

一九四〇年五月一七日〜九月五日にかけて、日本陸海軍が協力して四川省方面の中国軍、主要軍事施設および政治機関を攻撃した。六月二八日の重慶爆撃は「日本海軍第一連空の三六機、第二連空の五一機及び陸偵の三機、計九〇機が重慶の軍事、政治の中枢機関と水源地を爆撃した。防空司令部の調査によれば、日機は三波に分かれ重慶市区及び近郊に対して猛爆撃を行った。市区及び大坪、沙坪壩、江北新村、玉帯街、興隆街等の地域が爆撃に遭ったが、計一七八発の爆弾、一九発の焼夷弾が投下され、七七人死亡、一二八人負傷、家屋三二六棟三二三《ママ》軒、船三隻が損壊した。」と伝えられている（『重慶大爆撃の研究』）。

同作戦における重慶爆撃の攻撃日は延べ三二日であった。その結果、日本軍は「重慶上空の制空権は全く我有に帰し、敵首都の機能も殆ど停止せるに至れるものと」認識していたが、実際は「肝心の戦略目的である重慶政権の屈服ということについては、その兆候すら見えなかった。」という（『中国方面海軍作戦〈二〉』）。結局この日本軍の作戦は失敗に終わったのである。その後も、制圧作戦を実施したが、重慶を制圧することができず、軍内部では対米戦を前にして重慶爆撃無用論が強くなった。一九四一年九月七日に奥地攻撃は中止され、九月一五日に第十二航空隊は内地に帰還することになったのである。

陸海軍航空兵力による無差別爆撃

一九二二年のワシントン会議におけるハーグ法律家委員会で、空戦規則案が作成された。空戦規則案は条約化されなかったので実定法とはいえないが、第二次世界大戦勃発当時、空戦規則案は各国の空戦規範や指針とされていたため、国際慣習法（「空戦に関する規則」）として定着していたと思われる（『空爆の歴史』）。

空戦規則案の第二二条では、「文民たる住民を威嚇し、軍事的性質を有しない私有財産を破壊もしくは毀損し、または非戦闘員を損傷することを目的とする空爆」を禁止し、第二四条の第一項では「空襲は軍事目標、すなわちその破壊または棄損が明らかに交戦国に軍事的利益を与えるような目標に対して行われた場合」に限り適法とすると規定されていた。第二項では、軍事目標を「軍隊、軍事工作物、軍事建設物又は軍事貯蔵所、兵器弾薬又は明らかに軍需品の製造に従事する工場であって重要で公知の中枢を構成するもの、軍事上の目的に使用される交通又は運輸線」などに限るならば合法とするとした。三項では「陸上軍隊の作戦行動の直近地域ではない都市、町村、住宅又は建物の爆撃は、禁止する」としている。また、同項では軍事目標が「普通人民に対して無差別の爆撃をなすのでなければ爆撃することができない位置にある場合には、航空機は、爆撃を避止」することが必要であるとする。すなわち、一般住民およびその財産に対する空爆を禁止すること、爆撃の対象を軍事目標に限ること（軍事目標主義）、陸上軍隊の作戦行動と関係のない地域への爆撃を禁止すること、軍事目標への爆撃が無差別爆撃を引き起こす恐れがある場合には爆撃を止めることなどを規定していた（『重慶爆撃とは何だったのか』）。

日本軍も空戦の手法として、日中戦争の初期段階では軍事目標主義を採用していた。海軍航空隊では日中戦争が始まると、「空戦規則」に準拠した「空戦に関する標準」などを管下全部隊に通達していたのである。しかし、日中戦争が拡大するにつれて、軍事目標主義を遵守できなくなった（『満州事変から日中全面戦争へ』）。南京攻略において南京空襲部隊指揮官は、空襲により「南京市内にある軍事政治経済のあらゆる機関を破壊し、中央政府が真に屈服し、民衆が真に敗戦を確認するまでは攻撃の手を緩めざる考えなり」と訓示した（『海軍の日中戦争』）。また、佐伯海軍航空隊が属する第二連合航空隊の参謀も「爆撃は必ずしも目標に直撃するを要せず、敵の人心に恐慌を惹起せしむるを主眼とする」と述べており（『中国方面海軍作戦〈二〉』）、陸海軍の空爆目標が、軍事目標主義を逸脱することを容認していた。実際に、日本陸海軍の航空機が投下した爆弾により多数の一般市民が死傷し、財産が失われ、重慶に対する攻撃は航空機による爆撃のみで、さらに無差別爆撃を行っているなど国際慣習法に反していた。佐伯海軍航空隊は国際慣習法を犯す無差別爆撃を行っていたのである。

佐伯町は、積極的に海軍航空隊の誘致活動を行って、ようやく設置が実現した。佐伯地方の多くの人々もそれを支持していた。しかし、その海軍航空隊が、国際慣習法に反して日中戦争の最前線において無差別爆撃を行い、多くの人々の命や財産を奪っていたのである。佐伯市では、この過去の重大な事実を知らない人々が多い。日本全国で言えることだが、かつて地域と共存し、地域から支持を受けていた軍隊が、中国や朝鮮、東南アジアなどで侵略行為を行っていたという事実を私たちは日本人として直視しなければならないだろう。

第四編

太平洋戦争下の豊後水道

豊後水道及びその周辺海域は国防上重要海域で、その防御を担っていたのが、豊予要塞、佐伯海軍航空隊、佐伯防備隊であった。太平洋戦争下、瀬戸内海西部に通じる豊後水道には多くの米潜水艦が侵入していた。一九五八年に製作された米映画『深く静かに潜航せよ』には、豊後水道において、米潜水艦ナーカ号が巡洋艦秋風を報復攻撃するストーリーが描かれている。米海軍大佐の体験に基づいて製作されたもので、米潜水艦の戦闘行動の一面を知ることができる。一方で、豊予要塞、佐伯海軍航空隊、佐伯防備隊はどのような防御活動をしていたのであろうか。海軍航空隊や防備隊の海上防御の活動が語られることは少ない。その実相と、地域への影響について述べる。

太平洋戦争の開戦決定

一九四一年七月二八日に日本軍は南部仏印（フランス領インドシナ）に進駐した。この直前の七月二六日には、米・英・蘭各国は日本の資産凍結を行い、米国は八月一日に対日石油輸出禁止措置に踏み切るなど、経済制裁により日本の軍事侵攻を牽制した。特に、重要物資であった石油の対日輸出禁止は日本に大きな影響を及ぼし、日米間の緊張が更に高まった。これは、日本が対米戦に踏み切る大きな要因の一つになったとも言われている。

一九四一年九月六日の御前会議で、「帝国国策遂行要領」が正式決定された。その内容は、同年一〇月下旬をめどに対米戦の準備を完了し、日米交渉が妥結しない場合には一〇月上旬に対米戦を決意するというものであった。しかし、一〇月上旬になっても日米交渉は妥結しなかった。日本政府内では、日米交渉の継続を主張する首相近衛文麿と、対米開戦を主張する陸軍大臣東条英機が対立しており、最終的に近衛内閣は総辞職に追い込まれた。一九四一年一〇月一八日に、内大臣木戸幸一の推挙によって成立したのが東条英機内閣であった。

一一月五日に御前会議が開かれ、日米交渉が妥結しない場合には、自存自衛、大東亜新秩序の建設のために対米英蘭戦争を決意し、一二月上旬に開戦することを内容とする「帝国国策遂行要領」が決定された。一一月二六日には米国務長官ハルから、日本軍の中国・仏印からの撤退、満州国・汪兆銘政権の否認などを含む事実上の最後通牒である「ハル＝ノート」が日本側に手渡されたが、日本はこれを容れることを拒否した。そして、一二月一日の御前会議で、対米英蘭との開戦が決定されたのである（『アジア・太平洋戦争』）。

真珠湾攻撃

一九四一年一〇月には、連合艦隊が瀬戸内海西部に集合し軍事訓練を開始した。佐伯湾の周辺海域も訓練海域の一つとなり、連合艦隊の艦船が佐伯湾に入港し碇泊した。佐伯は第一・第二航空戦隊の特別訓練の基地となった（『ハワイ作戦』）。一九四一年一一月四～六日に、ハワイ奇襲作戦実行計画案に基づいて、海軍の機動部隊は、佐伯湾から二五〇カイリ（四六三㎞）はなれた地点から、佐伯湾に碇泊中の連合艦隊主力部隊や佐伯基地を敵艦隊と想定し、特別訓練を実施した。宇垣《うがき》纏《まとめ》の日記『戦藻録』（一九四一年一一月六日）には、「海上その時機霧かゝり、特別訓練の乙軍飛行機、盛に佐伯空を空襲す。大分上達せるは、近き将来に於ける大成功を成す所以か。」と記されている。潜水艦からなる第六艦隊も、豊後水道方面での訓練を急いでいた。

大部分の日本海軍機動部隊は一九四一年一一月一六日に佐伯湾に集結し、一一月一八日に、空母赤城・蒼龍・飛龍、巡洋艦利根・筑摩などが、佐伯湾から択捉島《えとろふ》の単冠湾《ひとかっぷ》に向けて出港した（『ハワイ作戦』）。南雲忠一《なぐもちゅういち》中将が指揮する機動部隊は、一一月二六日に単冠湾を出港し、ハワイをめざした。一二月二日に、機動部隊に対し一二月八日戦闘開始を示す暗号「ニイタカヤマノボレ一二〇八」が打電された。

一九四一年一二月八日（日本時間）に、日本海軍機動部隊は、二次にわたる攻撃を行い、真珠湾内に碇泊していた米戦艦や飛行場を攻撃した。戦艦撃沈四隻・撃破四隻、航空機破壊・使用不能四七九機などの戦果をあげた。その直前に日本軍は、すでにマレー半島を攻撃していた。その後、一九四二年三月頃までに、日本軍はフィリピン、インドネシア、ビルマ（現ミャンマー）などに進攻した。それを知らされた多くの日本国民は緒戦の勝利に歓喜した。

佐伯海軍航空隊の作戦行動

一九四一年九月七日に、日本軍は中国大陸の奥地攻撃を中止し、九月一五日に佐伯海軍航空隊から編成される第十二航空隊は内地に帰還した。その後、佐伯海軍航空隊は、豊後水道及びその周辺海域の海上防御に当たることになった。

「佐伯海軍航空隊戦闘詳報（自昭和16年12月8日至同年12月31日）」（JACAR㉕）の「一、形勢」には、太平洋戦争の緒戦の様子を含めて、同隊の任務が次のように記載されている。①太平洋戦争開戦直後に日本側は「大戦果」をあげたこと、②米潜水艦が東京湾口、父島、南洋諸島、豊後水道に出没し、すでに内海西部に侵入している可能性が高いこと、③佐伯海軍航空隊は、空から呉警備部・呉防備隊と協力して厳重に担任区域を警戒し、海上交通の保護、敵艦船の作戦を阻止し、連合艦隊が豊後水道方面で行動する際、特に警戒・掩護《えんご》を行うこと、などである。

これに対して、佐伯海軍航空隊は、どのような作戦行動をしていたのであろうか。

同「佐伯海軍航空隊戦闘詳報」によると、その頃の同隊の使用兵力は九九式艦上爆撃機であった。行動時間は、日出一時間前から日没一時間後の間、飛行哨戒（敵の侵入に対して警戒すること）を実施していた。敵潜水艦が海面に浮上する可能性が高い早朝と夕刻に重点を置いた。潜水艦に攻撃を加えるために、九九式艦上爆撃機は六〇kg通常爆弾二個を装備していた。

主な任務行動は、豊後水道及びその周辺海域の哨戒、偵察、捜索攻撃であった。ただし、特令により、敵艦船航空機に対する偵察・捜索や、艦隊出入時における前路哨戒を行った。

佐伯防備隊の発足

一九三九年一一月、呉鎮守府の呉防備戦隊の下に佐伯防備隊が発足した。一八八六年に「海軍条例」が制定され、海軍は全国を五つの海軍区に区分した。そのうち、豊後水道を含み、瀬戸内海および四国南部の太平洋海域にわたる第二区を管轄したのが呉鎮守府である。

太平洋から瀬戸内海西部への敵艦の侵入を防いでいたのは本来、陸軍管轄の豊予要塞であった。しかし、第一次世界大戦期に潜水艦や航空機などの新兵器が登場したことにより、同要塞の防御機能は相対的に低下した。事実上、太平洋戦争下の豊後水道及びその周辺海域の防御活動を担っていたのは、佐伯海軍航空隊と佐伯防備隊であった。

「佐伯防備隊戦時日誌」（昭和17年1月1日～昭和17年1月31日）（JACAR㉖）によると、佐伯防備隊の任務は、①豊後水道海域の対潜哨戒（潜水艦の動向を見張ること）、②特に敵潜水艦の瀬戸内海侵入を阻止すること、③艦隊泊地の安全確保と出入時の防御・誘導や、一般船舶の航行規制をすることであった。佐伯防備隊の防御海面区域は、佐田岬（愛媛県八幡浜市）と関崎（大分市）の連結線以南、足摺岬（高知県）と細島（宮崎県）北端の連結線以北の海域であった。

佐伯防備隊の編制・配備は太平洋戦争開始前後から進められていたが、一九四二年四月一八日、米航空母艦ホーネットから発進したB25爆撃機一六機による日本本土の初空襲直後から、その増強が急ピッチで進められた。B25による初空襲が日本に与えた影響は大きかったことが分かる。さらに、米潜水艦の豊後水道及びその周辺海域への侵入、米潜水艦の魚雷攻撃による日本艦船・商船の撃沈なども、その編制・配備に大きな影響を与えていた。

一九四二年一一月現在の佐伯防備隊は、機雷科・砲術科・通信科・航海科・運用科・内務科・機関科・工作科・医務科・主計科・特務艇隊科の各一一科から編成され、豊後水道の沿岸各所には防備衛所が設置された。防備衛所とは、重要港湾・海峡などへの敵潜水艦侵入を阻止するために、海軍が設置した陸上拠点のことである。

鶴見崎（大分県）と高茂崎《こうもざき》（愛媛県）の防備衛所には、機雷（六群連）・機雷聴音管制装置・発火管制装置・水中聴音機・送信機・電波鑑査機・九二式電波鑑査機・九二式短電波鑑査機・測巨儀（目標までの距離を測る装置）などの対潜哨戒機器が配備された。また、大島・芹崎《せりざき》・高島・保戸島《ほとじま》（以

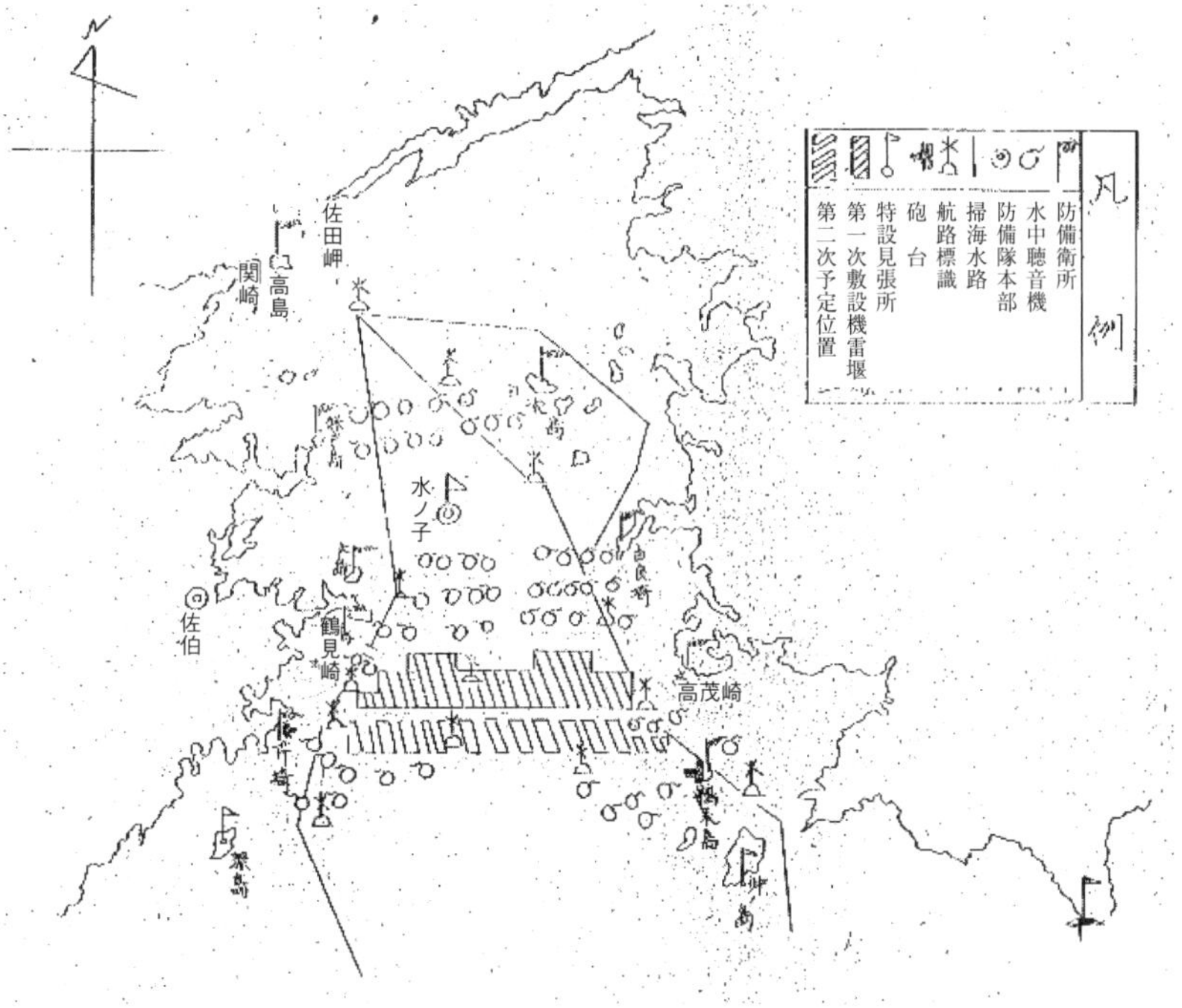

図9　佐伯防備隊の施設・機器・機雷配備
JACAR「昭和17年11月1日～昭和17年11月30日　佐伯防備隊戦時日誌（1）」
Ref. C08030400900より（一部加筆）

上、大分県）、由良《ゆら》崎・日振《ひぶり》島（以上、愛媛県）、鵜来《うぐる》島（高知県）にも防備衛所が置かれ（この時点では沖ノ島には未設置）、聴音機などの機器が配備された。芹崎・鵜来島に砲台が、濃霞山に機銃砲台が配備され、高島・水ノ子・深島・沖ノ島に見張所が設置された。

　特務艇隊には、哨戒艇隊（第四六号哨戒艇、他一隻）、敷設艇隊（怒和島、他四隻）、電線敷設艇（一隻）、特設捕獲網艇（五隻）、特設駆潜艇隊（一二隻）、曳船艇隊（四隻）、監視艇隊（六隻）などが配備された。特務艇とは、戦闘には直接参加せず各種作戦の支援など雑多な任務に従事する特務艦と、主として港湾防備など局地防衛に用いられる小型の特務艇の総称である。また、特設艇とは、民間船を徴用し、海軍所属の艦艇としたものである。

冬季の「佐伯防備隊戦時日誌」によると、佐伯防備隊の下士官兵およびその他の人員は、一九四一年一二月～一九四三年七月、二五〇〇～三〇〇〇人であった。佐伯防備隊の下士官兵の人員は佐伯海軍航空隊の下士官兵の四～五倍に当たる。一九四三年八月には、その人員が三五〇〇～四四〇〇人に急増する。その頃、豊後水道方面では、敷設した機雷の掃海作業と、更新機雷の敷設作業が行われていた。

機雷の配備

豊後水道は瀬戸内海に通じる重要な海域であり、海軍は米潜水艦などの侵入を防ぐために豊後水道海域に機雷を敷設した。海軍は、「昭和十六年度帝国海軍防備計画要領」により、米英等と開戦した場合、鎮守府・要港司令官に対して、水中防備のため九二式機雷および防備網を設置するように命じていた（『本土方面海軍作戦』）。これに基づき、呉鎮守府管内では、一九四一年一一～一二月に、鶴見崎防備衛所と高茂崎防備衛所付近海域に九二式機雷（六群連）と、芹崎と鵜来島を結ぶ海底に機雷を敷設した（『本土方面海軍作戦』）。一九四二年一月二～二六日には、鵜来島防備衛所に聴音機七基、四月一四日に芹崎東方の掃海水路にガードループ（Y装置）を設置した。ガードループとは、艦艇用潜没潜水艦磁気探知装置のことである（『本土方面海軍作戦』）。

その後、佐伯海軍防備隊は、一九四三年七月には豊後水道に敷設した機雷（普通機雷）の更新（小掃海）を実施しており（ＪＡＣＡＲ(27)）、八月以降も二六七四個の機雷の掃海・処分を行い、一一月には「隊員の血の滲む努力により、作業は順調に進捗し、予想外の成果を挙げ、無事故完了」した。さらに、更新掃海と並行して、三七六五個の更新用の九三式機雷の敷設作業も終了した（ＪＡＣＡＲ㉘）。海軍は一九四一年から米潜水艦対策として、機雷を敷設するなど水中防備の強化を続けていたが、なかには故障や破損する機雷もあった。豊後水道に敷設した機雷のなかにも浮流や自爆するものが多かったため、更新されることになったと考えられる。しかし、終戦後、日本は米国が敷設した機雷とともに、これらの機雷を除去しなければならず、国防のために敷設した機雷が、日本の戦後復興を妨げる負の遺産となった。

米潜水艦の出没

米国海軍首脳部は、日本によるハワイ真珠湾攻撃の直後に、ワシントンから指揮下の海軍全部隊に、「日本に対し無制限の潜水艦及び航空戦を実施すべし」との指令を出した（『海上護衛戦』）。これにより、米国海軍は、日本国籍の軍艦・商船すべてを攻撃することになった（『アメリカ潜水艦隊』）。

豊後水道は艦隊、陸軍軍用船および一般船舶の通行が多かったため、海軍は呉鎮守府部隊の海上兵力の大半を使用して、豊後水道及びその周辺海域を防御した。豊後水道の空からの哨戒・攻撃は、佐伯海軍航空隊が担当していた。太平洋戦争開始直後、一九四一年一二月一一日に、豊後水道方面で米潜水艦が発見され、一二月一三日に機雷が爆発した。一二月一四日にも、豊後水道において大分海軍航空隊機が米潜水艦を発見して、これを攻撃しており、同海域に米潜水艦が侵入していることが確実視された。そこで、佐伯防備隊は、一二月一一〜一五日に、豊後水道沖の島附近や、伊予灘八島附近海域に潜伏する米潜水艦の捜索・攻撃を行った（『本土方面海軍作戦』）。

第二次大戦中に米潜水艦は、日本の海軍艦船を延べ二一四隻撃沈した。このなかには、戦艦一隻、空母八隻、巡洋艦一二隻、駆逐艦四二隻、潜水艦二三隻が含まれており、また、日本商船一一七八隻以上を撃沈した。日本周辺の海上輸送路は寸断され、日本に運ばれる物資は激減したため、日本は飢餓状態に陥ることになった（『アメリカ潜水艦隊』）。なお、一九四四年八月二二日、集団疎開のため沖縄県那覇港から長崎に向かっていた対馬丸が東シナ海で沈没し、乗船していた学童ら一四〇〇人が犠牲となった。これも米潜水艦の魚雷攻撃によるものだった。

米潜水艦を攻撃

一九四二年四月一八日に、米軍機による初空襲を受けた日本は、米空母を撃滅し、反撃拠点のミッドウェー島を攻略するために、陸海軍協同のミッドウェー・アリューシャン作戦を実行した。ところが、その頃すでに米軍は日本側の暗号の解読に成功しており、日本側の計画を事前に察知し、ミッドウェーに空母三隻を出動させ先制攻撃を行った。それにより、日本の空母四隻は全滅、戦闘機三二二機が失われ、日本は大敗した。これは太平洋戦争の勝敗を分ける大きな転換点となった。

同年六月の「佐伯海軍航空隊戦闘詳報（自昭和17年6月1日至同6月30日）」（ＪＡＣＡＲ㉙）は「我艦隊はミッドウェー沖に於て空母を基幹とせる敵艦隊と会戦し空母二を撃沈せり。又他の一隊はアリウシャン列島を襲いアッツ、キスカの二要地を占領せる外遠くダッチハーバーの空襲を決行し、多大の戦果を挙げたり」と、ミッドウェーにおける日本側の状況については何もふれていない。

豊後水道に目を向けると、同海域における米潜水艦の出没は依然として続いており、佐伯防備隊による米潜水艦掃討作戦が展開されていた。「佐伯防備隊戦時日誌」には、「一九四二年一〇月は、開戦以来、敵潜水艦が、当防御海面外端附近において最も活発に活躍した月」で、米潜水艦を「徹底的に掃討し、多大の成果を挙げることができた。特に一〇月一七日の夜間、第四六哨戒艇は敵潜水艦掃討中に、（中略）野浦島灯台（延岡市）の南東一〇カイリ（一八・五㎞）において、敵の浮上潜水艦を発見した。これに砲撃を加えるとともに、的確で有効な爆雷攻撃（筆者、傍線）を加え、確実にこれ撃沈したものと認める。」と記述されている。

一〇月一七日夜の、第四六哨戒艇による、傍線部「的確で有効な爆雷攻撃」とは次のようなものである（要約）。なお、文中の四桁の数字「一九〇六」は一九時〇六分を意味する。

「一〇月一七日一九〇六に、第四六哨戒艇は、鳥野浦島灯台の南東六カイリ（約一一㎞）において、月明の湾に浮上した敵潜水艦を発見した。二・五㎞まで進迫して、一九一〇に二発砲撃。敵潜水艦は海中に姿を隠したので、一九一二に、爆雷（水中で爆発する水雷兵器）一〇個で第一次爆雷攻撃を行った。探知捕捉中一九二九に、左艦首約三〇〇mに大爆発があった。間もなく同所より雷跡（魚雷が発射されたときに生ずる白い航跡）二本が見られ、そのうち一本は底を通過した。一九三四第二回に四個、一九五一第三回に九個、二〇三二第四回に一五個の爆雷を投射した。何れも確実に探知、捕捉、追尾距離五〇〇m以内で近接投射したので効果があると認める。なおも第四次投射において、六発目頃に大黒煙らしきものを目撃した。第四次投射後に反転し、再度捕捉し、二〇四二機械停止。聴音に切り替え、左舷至近距離において一〇秒に三回程度の推進器音が聞こえたが、二〇四四頃に全く聞こえなくなった。その後の探知においても捕捉が不能となった。目下、哨四六、哨三一、釣島、鳩、特別掃討隊（五隻）により掃討実施中で、第四六哨戒艇に搭載していた爆雷を全部使用した。我が艦に損害はなかった」（ＪＡＣＡＲ(30)）。

この攻撃のために第四六哨戒艇は、米潜水艦を標的にして合計三八個の爆雷を投下した。豊後水道の周辺海域において、このように米潜水艦に対する激烈な掃討作戦がくり広げられていた。同「佐伯防備隊戦闘日誌」では、米潜水艦の撃沈が確実としているが、実際に撃沈したか否かは不明である。

航行と漁業の制限

太平洋戦争が始まると、佐伯防備隊は豊後水道における民間船舶の航行や漁業に制限を加えた。

一九四一年一二月二二日に「佐伯防備隊命令」が発令された。これにより、豊後水道を航行する船舶は、高島・足摺・沖ノ島・深島・水の子に置かれた見張所から、付近に配備された航行監視艇のもとに行き、航行監視艇から取るべき航路が指示されることになっていた。また、豊後水道を航行する許可を受けた船舶は、信号旗を掲揚しなければならなかった。

一九四一年一二月二三日には佐伯防備隊から「豊後水道防御海面航路法」が発布され、一般の船舶は夜間に豊後水道防御海面を航行することや豊後水道を横断することが禁止された。また、水中音響停止の命令が下された際には運航を止め、推進器音・水中信号や水中音響を停止することなどが規定された。

一九四一年一二月二五日に、佐伯防備隊より「豊後水道防御海面取締要領」が発布され、「豊後水道防御海面航路法」を補足する詳細な内容が規定された。主な内容（要約）は、①一般の船舶は夜間の防御海面の航行を禁止する、②豊後水道の中央線から東西に広がる大部分の海域を、「交通漁労禁止区域」に指定する、③防御海面内の沿岸付近に指定された航路・航路帯に限り航行を許可する、④交通禁止区内の島嶼に対する交通や、生業のために必要な運航は昼間のみ許可する、⑤動力機を備えない小船のみ、昼間航行許可区域内での夜間漁労を当面許可する、⑥当分の間、豊後水道漁労制限区域内で、鴎島《かもめ》（愛媛県）・保戸島の連結線以北の底引き漁を除く漁労を許可する、などである（JACAR㉛）。豊後水道の防御のために、豊後水道における広い範囲での航行制限、漁業制限が強いられていた。

さらに、戦時中には漁村から多くの漁船が徴用されていた。機帆船（動力と帆を併用した船）は、姫島・別府・佐賀関・臼杵・佐伯から約一〇〇隻が徴用された。漁船は蒲江・米水津・鶴見・佐伯・上浦・保戸島・臼杵・佐賀関・富来・姫島・長洲・中津などから約四〇〇隻が徴用された。徴用された漁船の用船料は、一か月当たり、一〇t級の漁船は三〇〇円（のち五〇〇円）、一〇〇t級の機帆船は一五〇〇円が支払われていた（『激動二十年』）。とはいえ、佐伯地方の多くの漁民は、軍から否応なく漁船を徴用されるなど生活の糧を奪われていた。

丹賀砲台の爆発事故

日米関係が緊張するなかで、一九四〇年に豊予要塞の要塞地帯は拡大されていた。日本は一九四一年一二月八日に米・英に対して宣戦を布告するが、同年一一月一七日には、豊予要塞に対して警急戦備の命令が発せられ、一二月二〇日には、戦闘に備えて、豊予要塞司令部及び同重砲兵連隊、同陸軍病院（戦後に佐賀関町国民健康保険病院）の戦時編成が命じられた。

その直後の一九四二年一月一一日に、鶴見崎（丹賀）砲台の実弾演習が実施され、その砲塔が大破する事故がおきた。実弾演習では、砲塔の口径三〇㎝カノン砲左右の二門から、砲弾各四発を発射する予定だった。右砲から最後の一発を発射しようとした際に、砲弾が砲腔内で爆発して砲塔・砲台は大破した。その時の壮絶な事故の場面を、当時丹賀国民学校長であった相良主殿が「追想記丹賀砲台の爆発」として詳細に書き残している。

この事故により、隊長以下一六人が即死、一八人が重軽傷を負った（「豊予要塞築城史」）。それ以後、同砲台は戦時用の施設として修復されることはなかった。また、軍は鶴見崎砲台の事故の情報が広がるのを恐れ、憲兵を増員して、村民に対して爆発事故を秘密にするように命じた。

鶴見崎（丹賀）砲台にかわる措置として、日振島・沖ノ島（愛媛県）・芹崎（蒲江）に野砲砲台を設置し、鶴見崎の突端には砲台を新たに建設して最大射程二二㎞の性能を持つ一五㎝カノン砲四門を配備した。しかしこの砲台は、敵戦闘機から攻撃を受ける可能性が高かったので、一九四五年四月に、附近の岸壁を刳りぬき、突貫工事で砲を移転させた。その工事には四〇〇人弱の兵員では労働力が不足したため、佐伯市・南海部郡・大野郡から勤労奉仕団が募集され、毎日一〇〇～三〇〇人の民間人が動員されたという。

一方、豊予要塞は太平洋戦争の戦況の変化にともない、軍編成・装備の変更が逐次行われ、一九四五年四月には豊予要塞守備隊が新たに編成された。そして、これを基幹にして同年六月には新たに独立混成第百十八旅団と重装歩兵第十八連隊が編成され、豊予要塞の名称は消滅した。戦争末期に、豊予要塞の各砲台は敵戦闘機から攻撃を受けたが、要塞からは重機関銃で応戦するにとど

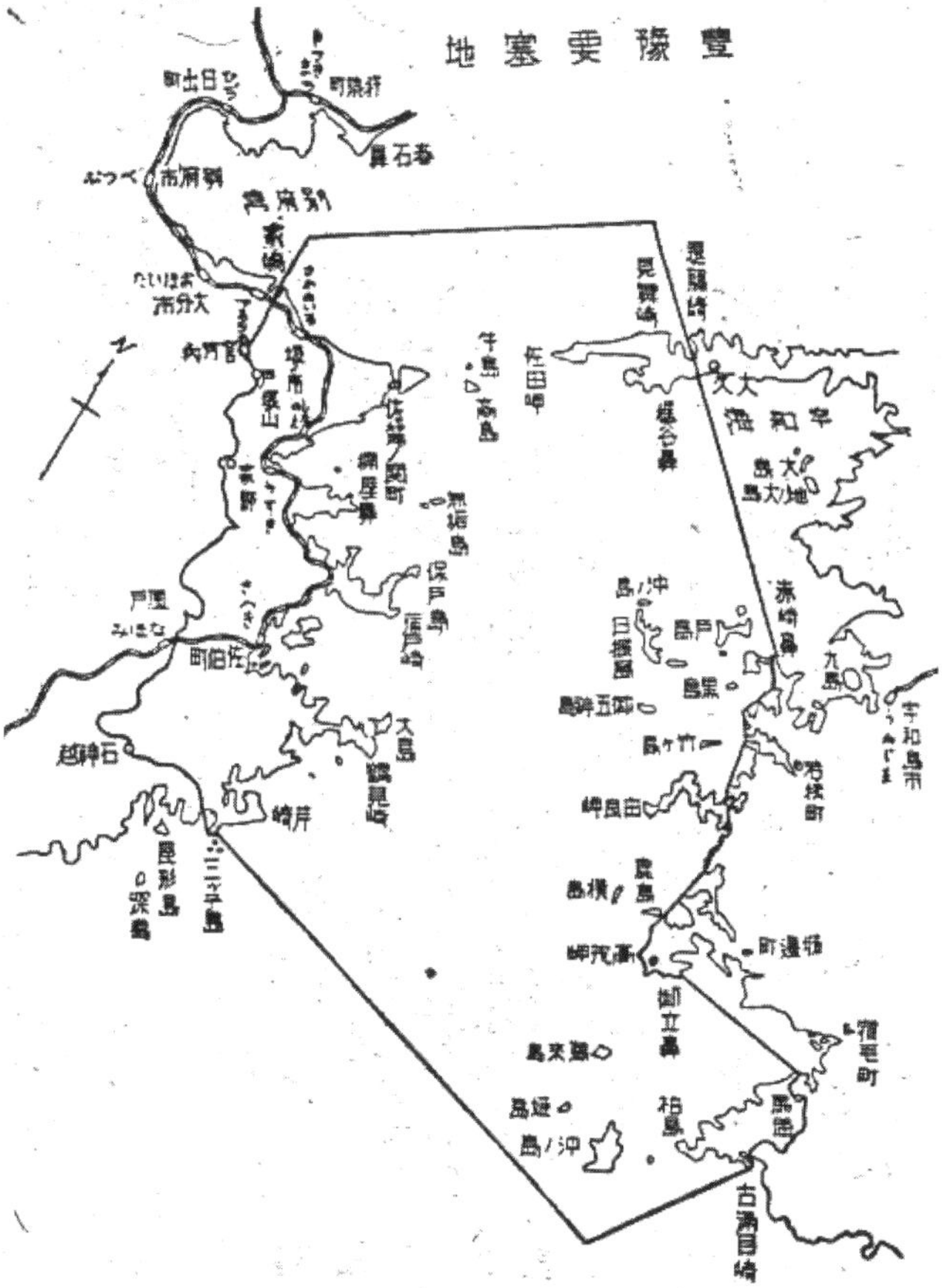

図10　1940年　豊予要塞地
昭和15年12月2日陸軍省海軍省告示「法令全書」

鶴御崎第一砲台跡　4か所のうちの1か所

まった。こうして豊予要塞は一度も砲を発することなく、終戦を迎えることとなった。

一九四五年九月に、米軍は要塞の各砲台を廃棄・回収し、佐賀関辛幸《からこう》の火薬庫にあった一〇〇〇t余りの火薬も豊後水道に投棄した（『大分県興亡七五年』）。軍の中では、戦時下の要塞を優れていたと評する声もあったが、各地の要塞を知る元佐官級の人の中には、「豊予要塞はお粗末きわまりないものであった」とする声もあった。

第五編

終戦と佐伯

第一章　戦後復興のなかで

占領

一九四五年八月三〇日に、パイプ片手にサングラス姿の連合国軍最高司令官ダグラス・マッカーサーが、神奈川県厚木飛行場に降り立った。これからGHQ（連合国軍最高司令官総司令部）は、日本の民主化・非軍事化を目的として、日本占領政策を次々に実行した。当初、GHQは日本を直接統治するつもりであったが、重光葵《しげみつまもる》らの強い抗議にあい、九月九日に日本政府を介した間接統治を行うことを表明した。

大分県には同年一〇月四日に、第五海兵師団指揮下のベーカー大尉らが先遣隊として派遣された。先遣隊は大分駅で中村元治《もとはる》大分県知事らの出迎えを受け、直ちに県庁に入り中村知事らと終戦連絡事務の打ち合わせを行った。同月一三日にはコリンズ中佐らが大分の占領統治のため、大分少年飛行兵学校の兵舎に入り、以後、ジープによる「民情視察」や「民情調査」が全県下で展開された。

佐伯市への占領軍の進駐は決まっていなかったが、市ではあらかじめ受け入れ準備を行っていた。一九四五年九月二五日、佐伯海軍航空隊の基地に佐伯防備隊司令・航空基地指揮官・佐伯警察署長・佐伯市長・佐伯駅長らが集まり打合せ会を開いた。そして、占領軍または同接収委員が佐伯地方に進駐することを想定して、進駐部隊の宿営設備、それを受け入れる地域の衛生・交通・労務・土木・食糧供給・通訳・慰安・警衛などの状況調査や準備をするため、官民連合準備委員会を組織した。しかし、占領軍がまとまって佐伯市に駐屯することはなかった。ただし、昭和二〇年五月七日に、宇藤木《うとうぎ》（弥生地区）にB29が墜落しており、同二一年五～九月にかけて、占領軍による墜落現場の視察など、墜落事故の事実関係の究明が行われた。

機雷の掃海作業

佐伯市は戦後復興にあたり、解決しなければならない多くの問題があった。なかでも、日米両国軍により、佐伯湾及び豊後水道に敷設された機雷の除去は大きな問題であった。太平洋戦争下で敷設された機雷により、終戦直後、佐伯市の物流の拠点である佐伯港に出入する船舶の安全が確保されていなかったのである。

日本軍は領土防備のため、一九四一～四五年にかけて、関門海峡をはじめとする重要海域に、約五万五〇〇〇個の機雷を敷設した。豊後水道は瀬戸内海に通じる重要海域に位置づけられ、三六〇〇個以上の係維機雷が敷設されていた。また、米軍は、一九四五年三月から潜水艦やB29長距離爆撃機を使い、日本の本土周辺海域に感応機雷約一万七〇〇〇個を敷設した。米軍が豊後水道に敷設した感応機雷の数は不明である。米による海上封鎖作戦は「飢餓作戦」と呼ばれた。

機雷とは、水中に設置して艦船が接近または接触したとき、自動または遠隔操作により爆発する水中兵器のことである。係維機雷とは、重りとなる係維器と機雷本体をケーブルでつなぎ、移動を防止した機雷のことで、感応機雷とは船の航行時に発生する磁気・音響・水圧の変化などを感知して起爆する機雷のことである。米軍が敷設した感応機雷約一万七〇〇〇個のうち、終戦までに日本海軍が掃海したもの、自爆もしくは陸上処分したものなどが約四二〇〇個あり、終戦後に残り約六五〇〇個を掃海しなければならなかった。

終戦後まもなく日本政府は、米海軍部隊との協力のもとで、日本の海軍艦艇や民間船を改造した掃海艇を使用して機雷除去を実施した。一九四五年一〇月には日本各地に、地方掃海部や、その支部が設置された。大分県内では、佐伯市に呉掃海部佐伯掃海支部が置かれ、佐伯湾周辺における掃海作業を行った。その結果、一九四五年九～一二月にかけて二二二個の機雷の処分を終えた。

日本掃海部隊は米軍が敷設した機雷約六五〇〇個とともに、日本海軍が日本沿岸水域に敷設した、約五万五〇〇〇個の機雷の掃海も同時に行った。また、並行して試航船を航行させ運航の安全確認や機雷の処分を行った。

一九四六年八月に、日本軍が設置した機雷の掃海作業は終了した。米軍からは、米軍が敷設したほとんどの機雷は、一九五〇年八月までに機能を失うという連絡を受けていた。しかし、機雷の種類によっては、なお爆発する危険性があり、実際に一九四五年八月～一九五〇年八月までに一一八件の機雷による事故が起きていた（『航路啓開史』）。

1995年に米水津の漁船の網に掛かった機雷　佐伯市平和祈念館やわらぎ

一九九五年八月五日、鶴御崎沖の豊後水道で米水津の漁船の底引き網に機雷が掛かった。この機雷は直径八六cm、重量約二二〇kgの九三式機雷であった。また、一九九七年一二月一七日に鶴見町公設市場前の海底から、全長一三〇cm、直径九〇cm、楕円形で触角式の機雷が見つかり、これを佐伯海上保安署と海上自衛隊佐伯基地分遣隊、鶴見町漁業関係者が協力して引き揚げた。多くの機雷が自動的に機能を停止したが、豊後水道の海底には現在でも多くの機雷の残骸が残されている。

安全宣言

海上の安全宣言とは、機雷の掃海などが終わり、船舶の安全航行が可能であるという告示をさす。安全宣言は、日本掃海隊による作業が終了し、米国掃海隊による確認・掃海が実施された後に、極東海軍司令部（ＣＮＦＥ）が発することになっていた。しかし、サンフランシスコ平和条約締結直後の一九五一年一〇月に、掃海実施の責任が日本政府に移された。それにより、日本政府は、掃海が完了した海域に、安全宣言を発布することができるようになった。

一九四九年一月一九日には、関門港・若松港に安全宣言が発せられた。以後、一九五二年五月一五日までに、一八〇か所の海域に安全宣言が発布され、一般船舶が自由に航行できるようになった。一九五一年に、佐伯港安全宣言期成同盟と佐伯市の努力が認められ、第七管区航路掃海部の尽力により、航路安全宣言が発せられるところまで準備が整った。『佐伯市報』一九五二年二月五日号は、「戦争中の残骸と危険物のため大船入港をはばまれて居た佐伯港が、航行入港の安全であることを海上保安庁によって世界に宣言されることになった」ことを伝えている。

一九五二年二月二〇日、佐伯湾航路にも安全宣言が発布された。つづいて、二月二三日佐伯東小学校で、佐伯湾における海上安全宣言の伝達式と祝賀会が行われた。同年三月には、港湾法第二三条により、佐伯港は大分県が管理することが決まった。その後、佐伯港の総合整備を推進するため、佐伯港整備促進委員会が設けられた。

興国人絹パルプの誘致

戦後の混乱の中で、佐伯市は軍都から工業都市へ生まれ変わろうとし、企業誘致に積極的に取り組んだ。終戦直後には、かつての佐伯海軍航空隊や佐伯防備隊の敷地及びその周辺地域に工業地域が形成された。一九四六年に二平合板、一九五三年に興国人絹パルプ（現興人ライフサイエンス）、一九五六年に臼杵鉄工佐伯造船所が操業を開始した。佐伯市の臨海工業地域では市内の製造業従業員の八〇％が働き、年間工業出荷額の九五％を生産していた。旧軍用地及びその周辺に立地した企業が佐伯地方の経済を支えていたのである。そのなかでも、興国人絹パルプ（以後、興人）の出荷額は一九五五年に、佐伯市の製造業出荷額の五〇％を占めていた。現在でも佐伯市の製造業の中心は、佐伯湾沿岸で操業を続けている造船業などの輸送機械製造業である。誘致され旧軍用地に立地する企業のなかから、興人の問題を取り上げてみたい。

一九四七年戦後初の公選制で佐伯市長に当選した矢野龍雄《たつお》は、市の苦しい財政を好転させるため企業誘致に取り組んだ。矢野は好景気の続くパルプ業に関心を持ち、興人の誘致に動いた。誘致交渉の過程で、興人は県・市に対して、安価な土地の提供、大量の砂利の採取許可、取水許可などを要望し、工場誘致促進委員会はこれに全面的に協力した。そして、一九五一年興人の佐伯進出が正式に決定した。しかし、漁民たちは佐伯湾の汚濁を恐れ、興人の佐伯進出に反対した。矢野は興人から廃液処理対策をとる約束をとりつけ、ようやく漁民たちをなだめることができた（『激動二十年』）。

興人佐伯工場　佐伯市教育委員会所蔵

興人佐伯工場の敷地として、旧佐伯海軍航空隊の飛行場跡地（女島）八四ha（農地三〇ha・牧野五四ha）が払い下げられた。戦後、佐伯地方の旧海軍の軍用地は大蔵省に移管され、そのうち二八四ha余が農地として払い下げられていた。その面積は長島六〇ha、女島一六四ha、大入島三一ha、大島二ha、下堅田二ha、鶴見二一ha、丹賀三haであった（「未墾地・国有林・軍用地　対価確定表」）。興人佐伯工場の敷地は、女島一六四haのうちの八四haと考えられる。また、この敷地に含まれる農地三〇haは、農民に払い下げられたものを、再び佐伯市が買いもどしたものであるという（『激動二十年』）。そして一九五二年に、約三〇億円を投じて興人佐伯工場が建設され、一九五三年四月三〇日に操業を開始した（「佐伯市戦後五十年史（六）」）。このように、女島を中心とする旧佐伯海軍航空隊跡地が、興人佐伯工場に払い下げられるまでには紆余曲折があった。そして、操業を開始して一〇年ほどたつと、パルプの廃液による海水の汚濁が問題になり始めた。

佐伯湾の汚濁と土地の転売

興人の前身は一九三七年に設立された日曹人絹パルプで、佐伯工場ではアセテート・ベンベルグ・強力人絹などを生産した。特に佐伯工場は、アセテート繊維に用いる木材パルプを生産する日本初の工場として注目された。

興人は、チップを亜硫酸で溶かし木材繊維であるパルプを取り出す製法をとっており、この過程で出た大量の廃液が佐伯湾に垂れ流された。興人が佐伯にもたらした経済効果は大きかったが、負の遺産も大きかった。興人から排出される廃液は、佐伯湾を一面濃い茶色に染め、満潮時には海水が清流番匠川を逆流し、その河口をも茶色に染めた。魚が大量に変死するなど、たちまち佐伯湾の魚介類の死滅が始まった。漁業関係者をはじめとする市民は公害を追放するための市民会議を結成し、興人に対して抗議の声をあげた。興人は公害追放佐伯市民会議から水質汚濁防止法違反で告発され、同法により処罰された最初の企業となった。また、廃液処理の過程で出る排気ガスは大気汚染を引き起こし問題となった。

さらに興人は、佐伯湾に蓄積させた約五〇万ｔのヘドロの除去を県から命じられた。しかし、その直後、興人はヘドロの除去を果たすことなく、一九七五年に戦後最大規模の負債総額一五〇〇億円を抱え事実上倒産し、全国的な話題となった。同年に興人は会社更生法の適用を申請し、一九七九年に更生計画が認可され、一九九〇年に更生手続きが完了した。

ところが、興人は一九八〇年までに、同社の敷地一八・三haを、市役所及び木材団地関連施設の敷地として転売していた。その内訳は佐伯木材団地七・八ha、南浜木材団地五・八ha、木材共販所一・六ha、佐伯専修職業訓練学校二ha、環境浄化センター用地一ha、下水終末処理場用地五・六haである。この敷地の転売理由については、公害対策として地域と調和を図るためとするものや、遊休地を有効利用するため、また、倒産による興人の内部事情のためとするものなどが指摘されている（『旧軍用地転用史論』）。このように、払い下げられた佐伯湾沿岸に広がる旧軍用地は、佐伯市の製造業の拠点となった。しかし、立地した企業が公害を発生させ、その後一部の土地が転売される歴史をたどる。戦争とは何だったのか、戦争は私たちに何を残したのか。そして、発展という夢は何をもたらしたのか。この問いに対して、納得する答えを導き出すことは難しい。

第二章　海上自衛隊佐伯基地分遣隊の開隊

「海軍基地に逆戻り」

日本は太平洋戦争で連合国軍に敗北した。一九四五年に海軍省は解体されたが、連合国軍の占領下において旧海軍が行っていた洋上警備などを担う文民組織として、一九四八年運輸省（現国土交通省）の外局に海上保管庁が発足した。そして、一九五二年海上保安庁内に、旧海軍兵学校出身の海軍将校を中心に組織された海上警備隊が設置された。同年にサンフランシスコ平和条約が発効、一九五四年七月一日に陸海空の自衛隊が発足し、海上警備隊が海上自衛隊となったのである。これは佐伯市にも大きな影響を与えることになった。

一九五四年五月一一日、海上警備隊呉基地所属の警備艇四隻が訓練のため、佐伯湾の旧佐伯防備隊岸壁に横付けされた。その風景は、佐伯が「海軍基地に逆戻り」したかのような状況であったという（合同一九五四・五・一三）。さらに、一九五五年二月二一〜二五日に海上自衛隊は、四国土佐沖海域を中心に初の大演習を行う予定であった。これを『大分合同新聞』（一九五五・二・二一）は「四国の宿毛湾、鹿児島の有明湾とともにかつて連合艦隊の泊地であった佐伯は、あれから十年再生した『日本海軍』を迎えて市当局は歓迎パーティ等に大童《おおわらわ》であった」と伝えている。当時、あたかも軍都佐伯が復活したかのように受けとめられていた様子が分かる。

一九五九年三月、佐伯市は防衛庁建設部福岡建設部熊本支部から、市内への海上自衛隊補給基地設置の協力を求められた。補給基地設置には、旧海軍航空隊跡、臼杵鉄工佐伯造船所南側の国有地五七一万七五三三㎡と岸壁など附属工作物すべてを使用する予定で、防衛庁は、自衛艦に食糧・水・燃料などを補給する碇泊基地を佐伯湾に設置し、呉基地警防隊の分遣隊を置き、後には防備隊とすることを計画していたという（合同一九五九・三・三）。佐伯市は同年三月に市議会全員協議会を開き、公式に佐伯補給基地建設計画に賛成する態度を決定した（合同一九六二・一・七）。出納菊二郎市長は「市の発展を考えて判断する」との意向を示しており（合同一九六〇・八・二二）、市当局は、佐伯市の発展のために、佐伯補給基地建設に前向きな姿勢を示していた。

賛否両論

佐伯市では、海上自衛隊補給基地設置問題に対し、賛否両論の意見が飛びかった。市民の間では、「軍都はごめんだ」という意見も根強かったという。一方で、佐伯商工会議所は、海上自衛隊が地域にもたらす経済的利益を期待して同隊基地設置に賛成した。共産党や社会党と共闘する地区労（佐伯地区の労働組合）は、平和の維持、戦争反対の立場を強く打ち出し、自衛隊の誘致に絶対反対の立場であった。地区労は反対理由として、①平和的な都市建設ができず、核兵器が持ち込まれる可能性があること、②秘密を守るという理由で立入禁止区域が作られ、市民の自由が束縛されること、③町の風紀が乱れ、子供の教育によくないこと、④漁場が狭くなり漁民の生活が妨げられることなどをあげた。佐伯湾沿岸の各漁業組合は、漁業が妨害されるなど生活権を脅かすものとして猛反対していた。

ところで、一九五九年六月二五日、地区労は佐伯市内で、安保改定阻止をめざす大会を行う予定であった。一方、同日に海上自衛隊の音楽隊は市中行進や鶴谷中学での演奏会を行うことにしていたが、佐伯市内での衝突を避けるため、市中行進を取り止めたという（合同一九五九・六・二八）。これは興味深いできごとである。時代は違えど、海上自衛隊の行動は戦前の海軍が行っていたデモンストレーションと似かよっていた。

このように、経済的利益、イデオロギー、政治的立場の相違などが錯綜して賛否両論が渦巻くなか、一九六二年三月二〇日、海上自衛隊佐伯基地分遣隊が、旧佐伯海軍航空隊跡地に開隊されたのである。

「復活するか『軍都佐伯』」

「海上自衛隊にとって瀬戸内海を背に太平洋をのぞむ佐伯湾は補給基地としては最高の条件を備え、その上旧海軍航空隊の施設が生かせることも大きな魅力」であった。しかも、一九五四年海上自衛隊が発足した時にはすでに佐伯補給基地の設置が計画されており、それを次第に表面に打ち出して推し進めたものであるという。一九六〇年頃、安保問題も含め、自衛隊の存在をめぐり様々な意見が出るなかで、『大分合同新聞』（一九五九・六・二八）は「復活するか『軍都佐伯』」と報じていた。補給基地設置による漁業補償の問題は最後まで揉めたが、一九六一年一一月に、佐伯市内の漁協は海上自衛隊と漁業の損失に対して適正な補償を行う協定を取り交わし、漁業補償問題も解決した。

　そして、一九六二年三月二〇日、海上自衛隊佐伯基地分遣隊の開隊式が、佐伯市鶴谷区の同隊庁舎（旧佐伯海軍航空隊庁舎）で行われた。同分遣隊は、豊後水道を通過もしくは、同水道で訓練を実施する海上自衛艦に燃料、水などをはじめ機械部品や生活諸物資を補給する役割を果たすことになった。当時、同隊の隊員は陸上勤務者一一人、海上勤務者一二人など配属される隊員は三〇人、ヘリコプター一機が配備されることになっていた。自衛隊の規模や装備は旧海軍航空隊に比べると小規模になった。しかし、同庁舎に拠点をおき、国防を担う活動を行っている。戦後、再び佐伯市は国防を担う組織と共存するようになった。

佐伯基地分遣隊の開隊式

海上自衛隊佐伯基地分遣隊の開隊式は二十日午前九時から佐伯市鶴谷区の同隊庁舎（元佐伯海隊司令部庁舎）で行なわれ海上自衛隊呉地方総監部警防隊副長川端寅造三等佐伯分遣隊長山崎平一

海上自衛隊佐伯基地分遣隊の開隊
『大分合同新聞』1962年3月21日

　その後も、海上自衛隊の艦艇は佐伯湾に入港し、佐伯市と海上自衛隊との共存の関係は続いている。一九八四年の一年間で、五〇〇t～五〇〇〇tの自衛隊艦艇計三五〇隻が佐伯湾に入港した。自衛隊艦艇は佐伯湾沖に碇泊して乗組員延べ五万人が佐伯港に上陸し、それを佐伯市は歓迎ムードで受け入れていた。一九八〇年頃には自衛隊艦艇の佐伯湾入港が多く、年間の入港艦艇数は約七〇〇隻を数えていた。佐伯市内では自衛隊艦艇の佐伯湾入港を歓迎するムードがあり、佐伯市が自衛隊艦艇の入港を誘致していたともいわれる。寄港する自衛隊艦艇だけでも、食糧補給や隊員の飲食費で年間八億円近い経済効果があったという（合同一九八五・四・三〇）。戦前に比べると、社会のあり方、人々の考え方は大きく変化したものの、「軍都佐伯」のイメージを彷彿させるものがある。

（上）丹賀砲台ドーム　『佐伯市誌』より
（下）丹賀砲台跡　『佐伯市誌』より

戦争遺跡

戦時中に建設された「軍都佐伯」の旧軍事施設は、佐伯市内各地に戦争遺跡として保存されている。

鶴見地区の陸軍豊予要塞の丹賀砲台跡は、一九八六年から、かつて巡洋艦「伊吹」のカノン砲が配備されていた場所に観光及び施設保護のため円形ドームや広場などの整備が行われ、丹賀砲台園地として公開されている。

旧佐伯防備隊の跡地には高等学校や工場が立地しており、豊後水道沿岸の鶴御崎（鶴見）や仙崎（芹崎）に同隊の防備

（上）仙崎砲台跡　『佐伯市誌』より
（下）掩体壕　佐伯市教育委員会提供

衛所跡が残されている。

旧佐伯海軍航空隊の陸上飛行場跡地には興人ライフサイエンスが立地しており、同社敷地内には同隊の指揮所や掩体壕《えんたいごう》（軍用機を敵の攻撃から守る施設）二基などが残され、そのうち一基の掩体壕は国の重要文化財に指定されている。また、佐伯港に近い長島山、濃霞山の麓部分には現在でも防空壕やコンクリートでできた構造物などが散見される。

一九九三年五月、佐伯市は海上自衛隊佐伯基地分遣隊庁舎に隣接する旧佐伯海軍航空隊跡地の一部を買収し、同年に老朽化した同隊の兵舎を解体した。そして、一九九七年佐伯市はその旧兵舎跡地に佐伯市平和祈念館やわらぎを開館した。一階展示室では、戦前から戦後佐伯の人々の生活をテーマに当時の暮らしの様子が分かる資料を、二階展示室では、佐伯と海軍航空隊をテーマにした資料を展示している。それを通じて、平和祈念館やわらぎは多くの人々に戦争の愚かさと平和の尊さを伝え続けている。

旧海軍航空隊庁舎は、一九四七~五四年まで佐伯市立鶴谷中学校の校舎として、一九六二年から海上自衛隊佐伯基地分遣隊の庁舎として使用された。しかし、これも老朽化のため、市民から戦争遺跡として保存する要望があるなかで二〇一一年に解体された。そして、翌二〇一二年に、旧佐伯海軍航空隊庁舎の南側にその面影をもつ鉄筋コンクリート四階建て、海軍を象徴するレンガ色の海上自衛隊佐伯基地分遣隊の新庁舎が完成した。

(上) 佐伯市平和祈念館やわらぎ2階展示室 『佐伯市誌』より
(下) 海上自衛隊佐伯基地分遣隊

戦後、佐伯市の都市景観は大きく変化した。郊外に宅地が開発され住宅団地も建設され、大型商業店舗も進出するなど人々の居住地域が拡大した。月日が経過するにつれて、戦時下の軍事施設のなかには老朽化のため解体され、人々の記憶から消え去るものもある。しかし、「軍都佐伯」に建設された上水道施設や、陸運橋や美国橋、幹線道路などは補修などが施され、現在でも佐伯市の重要なインフラであり続けている。形は変化しながらも、一九三〇年代に形成された「軍都佐伯」の都市空間の面影は今も残っている。

二〇二五年に戦後八〇年を迎える。戦争経験者は少なくなった。また、戦争経験者から話を聞いて戦争を疑似体験しながら育ったかつての子供たちも高齢者となり、戦争の実相を伝えることが難しくなっている。しかし、戦争遺跡は私たちに戦争の事実を形として伝えている。戦争遺跡や遺品から過去に思いを馳せ、戦争の惨《むご》さを知り、戦争責任、そして平和について思索することが必要であると、私は考える。

［資料編］ 水銀鉱山

海軍と佐伯町の関係を調べているさなかに、偶然、佐伯水銀鉱山に関する資料「出納家文書（水銀鉱山に関する資料）」（佐伯市平和祈念館やわらぎ蔵）を調査する機会に恵まれた。かつて、帝国鉱業開発（株）佐伯鉱業所に勤務されていた方が個人で所有していた書類・図など、段ボール二箱に納められた一四七点の資料である。聞くところによると、終戦直後、帝国鉱業開発（株）佐伯鉱業所にもたくさんの資料が残されていたが、会社から軍関係の重要な資料を除く書類などを持ち帰ってもよいと言われ自宅に持ち帰り、以来所持していたものだという。確かに、私の知る限り、近代の水銀鉱山に関係する歴史的資料は極わずかであり、貴重な資料であると言える。

さて、水銀が形を変えながら、平面を転がる様子を見たことがあるだろうか。水銀は、唯一、液体状の金属である。現在でも、電池、蛍光灯、血圧計、工業用計器、歯科用アマルガム、薬品などに使用されている。日本国内での水銀使用のピークは、高度経済成長期の一九六四年頃で、年間使用量は約二五〇〇tであった。しかし、その後、水俣病などの健康被害問題や、代替品の開発などにより、水銀の使用量は激減した。二〇一三年に成立した水銀条約により、「人の行為により排出された水銀及び水銀化合物から、人の健康や環境を守る」ため、さらに水銀の産出、製品の製造、排出などが規制されるようになった。

実は、太平洋戦争中に日本国内で、大量の水銀が生産されていたことはあまり知られていない。水銀は船底塗料・銃弾・爆弾の雷管などに使用される重要な軍需物資であった。日本では、一九二六～三九年における水銀の生産量はまだ少なく、国内使用量の九〇%以上を輸入に依存していた（『日本鉱業会誌』）。しかし、日中戦争が始まり、欧米との対立が激化すると、一九四〇年から日本国内の水銀生産量が増加した。日本政府が水銀を軍需物資として重要産物に指定し、水銀の増産政策を推進したからである。

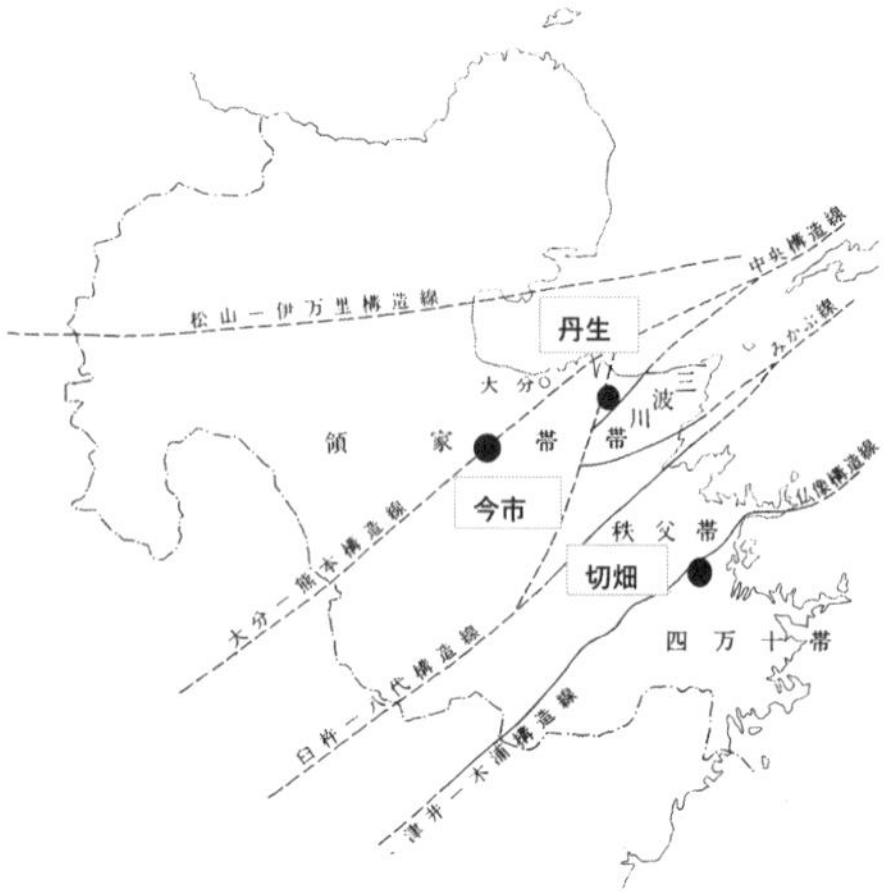

図11　大分県内の主な水銀産出地
『大分県の地層』より（一部加筆）

大分県佐伯市の坂の浦から弥生にかけて水銀の鉱脈が存在し、太平洋戦争期には盛んに水銀鉱石が採掘されていた。しかし、多くの水銀鉱山の鉱脈は小規模であるために稼行期間が短期で、採掘が終わって廃鉱になるとその歴史は後世に伝えられることは少ない。一九四一～四五年に佐伯地方は全国有数の水銀の生産地であったが、現在では地元でもそれを知る人は少ない。かつて帝国鉱業開発（株）佐伯鉱業所の選鉱場・製錬場（旧大富鉱業の選鉱場・製錬場）が立地して、太平洋戦争中に大量の水銀を生産していた向島《ほうじま》（現佐伯市立佐伯図書館周辺）に、通称「水銀町」と呼ばれていた地区があったことを知る人もほとんどいない。

今、人々から知られることなく消え去ろうとしている佐伯水銀鉱山跡も、記録にとどめておくべき戦争遺跡の一つである。「出納家文書」などにより、同鉱山の歴史をたどりたい。なお、「資料編　水銀銀山」を執筆するに当たり「出納家文書」に含まれる資料には所蔵先を記載していない。

どうやって水銀を取り出したのか？

日本最大の水銀鉱山は北海道のイトムカ鉱山である。硫化水銀（HgS）を含む鉱石を辰砂《しんしゃ》という。赤というより「血」の色に似た鉱石である。一九三六年三月に北海道を襲った暴風雨の後、留辺蘂《るべしべ》町郊外山間部の風倒木の表土から高濃度の水銀を含む辰砂が偶然に発見された。その辰砂の水銀含有率は八〇％、風倒木の根元からは自然水銀がしたたり落ちていたという（『近代遺跡調査報告書　鉱山』）。

『佐伯鉱山始末』によれば、佐伯地方の水銀鉱脈は、坂の浦から南西に向かって、脇・上岡を経て切畑地区深田まで約一〇㎞にわたっている。この地域には断層が多数存在しており、主要な水銀鉱床は標高一〇～五〇mの範囲にある。さらに、鉱脈の幅は平均一m程度であり、鉱脈に沿って辰砂が産出され、鉱石の水銀含有率は〇・〇四％程度とその品位は低かった。なかには一～二％の水銀を含有する部分や、少量の自然水銀を産することもあったが、極めて稀であったという（『佐伯地域の地質』）。

昔の話ではあるが、一九一九年に軍は採掘する水銀鉱石の最低水銀含有率を〇・五％としていることから（JACAR(32)）その当時、水銀含有率〇・五％は水銀鉱山の稼行を維持できる比率を示したものと考えられる。従って、北海道のイトムカ鉱山は極めて優良な水銀鉱山であったことが分かる。

さて、それでは水銀をどのように抽出していたのか。ごく簡単にいうと、辰砂を炉に入れ火で熱することにより水銀ガスを蒸発させ、それを冷却して凝結した液体水銀を取り出すのである。蒸発・冷却・抽出などの過程で多少水銀が失われてしまうため、辰砂に含まれる水銀を一〇〇％抽出することは難しい。従って、いかにして良質な鉱石を選び出すか、また、選び出された鉱石からいかに高い比率で水銀を抽出するかが大きな課題であった。そこで、水銀生産に携わる企業は、できるだけ多くの水銀を抽出するために選鉱、製錬に関する技術を研究したわけである。ここでは、技術的な歴史には触れず、社会史的側面から佐伯地方の水銀鉱山の歴史について述べていく。

近代までの佐伯地方の水銀鉱山

一九九六年一一月二六日、大分県による堅田地区の農免道路建設の工事現場で、人骨と鉄刀が発見されたという情報を受け、佐伯市教育委員会が現地調査を行った。その結果、人骨と鉄刀は、五世紀後半に造られた樫野《かしの》古墳に関係するものであることが判明した。周囲からは甕《かめ》や壺が出土し、また、箱式石棺も出土し、その箱式石棺の中には成人女性一体、成人男性二体、計三体が納められていた。その調査報告書によると、科学的調査により箱式石棺の中からは水銀朱の成分が検出され、成人男性一体の頭胸部に水銀朱が塗布されていたことも判明した（『樫野古墳』）。五世紀には樫野古墳の周辺地域では辰砂が採掘され、同地域の水銀朱が使用されていた可能性がある。しかし、現在のところ、古代から中世にかけての佐伯地方の水銀鉱山開発に関する歴史は不明である。『佐伯鉱山始末』は、佐伯地方の水銀鉱床の発見時期や沿革は不明としつつも、旧坑内から発見された土器や鍾乳石の状況から、一六世紀～一七世紀に稼行されたものと推定している。

近代においても佐伯地方の水銀鉱山の歴史は明らかになっていない部分が多い。一九二〇年一月二五日『佐伯新聞』によると、佐伯町臼坪《うすつぼ》の幸木喜八という人物が、一九一五年一月に臼坪山で水銀鉱石を発見し、水銀鉱区七二万八〇〇〇坪の鉱業権を保持していた。一九二〇年一月に幸木喜八は東京市河野英良らと協力し、また、箕浦勝人らの後援を受け資本金二〇〇万円で日本水銀鉱株式会社を設立し、創立事務所を東京市京橋区銀座一丁目に設け、創立会を開催する計画を立てた。創立後は本社を東京市に置き南海部郡鶴岡村に工場を設けることになっており、当時、鉱石から水銀を製錬することは日本では初めてのことであったという（佐伯一九二〇・一・二五）。

日本水銀鉱株式会社に関する詳細は現在のところ不明であるが、この記事により大正期に、佐伯地方で水銀鉱山を日本で初めて本格的に開発する計画があったことが確認できる。その後一九二一年頃には、藤田組が技師を派遣し鉱床の調査を行った。しかし、採算の見通しが立たなかったのであろうか、事業着手には至らなかった。一九二九年頃には大阪の奥村氏が鶴望《つるみ》地区（佐伯市）の旧坑を採掘し、一か月に一万貫（三七・五t）程度の鉱石を採取した。坂の浦に回転炉を設けて水銀を乾留したが、鉱石の品位が低かったために採算がとれず事業は失敗に終わった。その後、鉱業権は二、三の業者を経て、鶴望鉱山と大分水銀鉱山の二カ所に分かれて採掘が進められた。鶴望鉱山は鉱床の北東地域を占めており、大分水銀鉱山は鉱床の南西地域の大部分を占め、一九三八年二月頃に大富鉱業（株）が鉱業権を取得し、採掘を始めることとなった。

大富鉱業（株）による開発

『株式会社年報（昭和一五年版）』によると、大富鉱業（株）は、一九三七年八月に、東京市芝区田村町に資本金一〇〇万円で創立された株式会社であった。重役は小野利右衛門・広瀬藤市・大石隆章・矢野義男らが務めていた。同社は一九四〇年現在で、大分水銀鉱山（大分県南海部郡佐伯町）に四鉱区三一六万九二〇〇坪と他に出願確定鉱区三〇七万九八三五坪、鶴水鉱山（朝鮮江原道通川郡鶴一面地内）に一鉱区八三万五〇〇〇坪、白萩鉱山（富山県中新川郡白萩村地内）に一〇〇万坪を取得していた。主たる営業活動は①鉱物の採取、鉱物の販売及び製錬、②鉱区の売買、③諸機械の製作販売、④①〜③に関連する事業、⑤投資などであった。

大富鉱業（株）による大分水銀鉱山の試掘権取得には、同社重役の一人で佐伯町出身の大石隆章が関係していた。大石隆章は、一九〇七年頃に臼杵の先輩から、佐伯地方に水銀鉱脈があると聞き臼坪山を調査したが、これといった結果を見いだすことはできなかった。その後、一九三一年にある人物と一週間にわたり上岡地区（佐伯市鶴岡町）を調査した結果、同地区に有望な水銀鉱脈があることを見いだし、一九三四年に京都大学の渡邊俊雄と再調査をして、有望な水銀鉱脈であることを確認した。そこで、一九三五年に鶴岡から切畑にかけての八〇〇万坪の鉱区試掘の権利を得て、これを大富鉱業（株）が試掘することになった。渡邊俊雄とは、東京大学を卒業後、農商務省鉱山監督官、京都帝大助教授、仙台高等工業学校（現東北大学工学部）教授を歴任し、一九一〇年に京都帝大教授となった人物である。

また、大石隆章は上岡から切畑にかけて旧坑が一〇〇か所程度あることを確認し、旧坑内の状況から三〇〇年以前に採鉱されたもので、朱の顔料に使用するために水銀鉱石が採取されたものと推測した（佐伯一九三八・六・一二）。

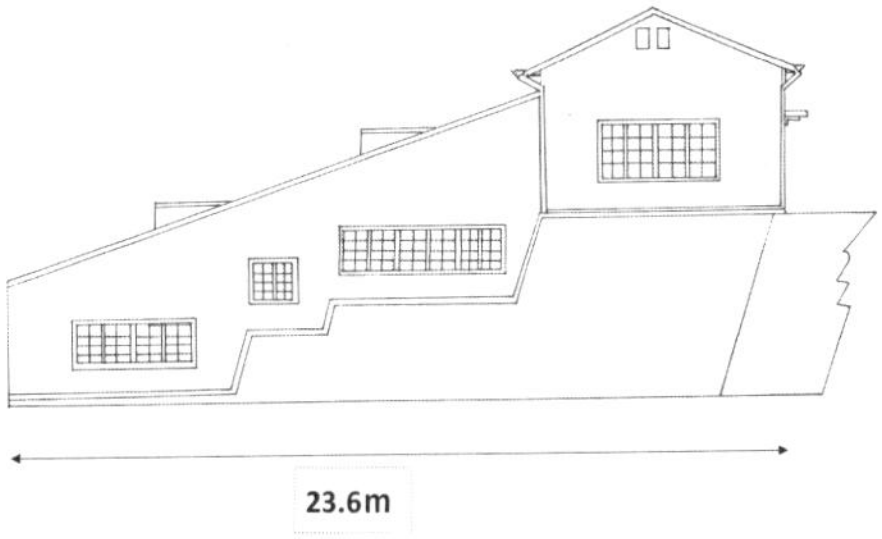

（上）図12　大富鉱業（株）選鉱場　新築設計図（側面図）「大富鉱業会社大分水銀鉱山選鉱所新築設計図」（トレースして加筆）佐伯市平和記念館やわらぎ所蔵
（下）大富鉱業（株）の選鉱場　『佐伯新聞』1938年12月11日

大分水銀鉱山の稼行

『佐伯新聞』によると、大富鉱業（株）の大分水銀鉱山の稼行までには次のような過程を経ていた。

大富鉱業（株）の専務で大分水銀鉱業所の主任でもある大石隆章は、一九三八年六月五日に、同社代表取締役の小野利右衛門とともに、施設建設地を求めて佐伯町内を調査した。そして、佐伯町向島（現佐伯市立佐伯図書館周辺）地区を選鉱場・製錬場の適地として買収することに内定

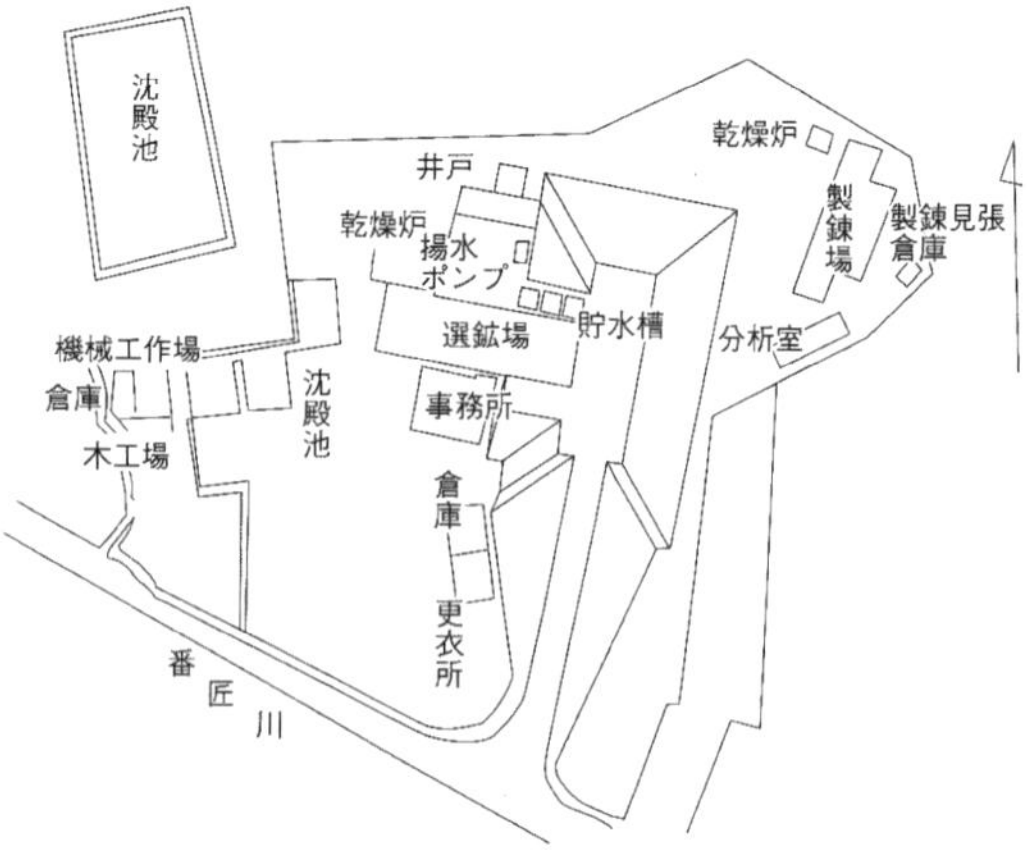

図13　大富鉱業（株）の施設配置予定図
「大分水銀鉱山選鉱及製錬場配置並増設予定図」（トレースして加筆）
佐伯市平和記念館やわらぎ所蔵

した。そして、地主側と土地買収や土地貸借交渉が成立すれば、直ちに施設などの建築に取りかかり、当時切畑にあった事務所も佐伯町に移すことにしていた。

東京本社では、佐伯町に建設する選鉱場のクラッシャー（大きな岩石を砕き岩粉にする機械）、ボールミル（岩粉を微細な粉末にする装置）や、製錬場に設置する製錬釜などの機器をすでに発注しており、その機器は一九三八年七月二七日までには佐伯町に到着することになっていた。そして、八月末までに機械の据付けを完了して九月から事業を開始し、佐伯町向島の施設では一日二〇tの水銀鉱石の選鉱を行い、精鉱二五〇kgを処理できる製錬場において水銀製品（液体水銀）を生産する予定であった（佐伯一九三八・七・三一）。

そして、大富鉱業（株）は向島に一四二〇坪の工場用地を買収し、土木建築一切を切畑村の自営業者と契約して直ちに埋立に着手した。また、同工場は敷地五六坪の階段式選鉱場を建築し深さ四尺、面積二四坪の沈殿池三箇所を設けるほか、渡邊博士が設計する乾溜竈と附属建物が建設されることになっていた（『佐伯鉱山始末』）。しかし、大富鉱業（株）大分水銀鉱業所の製錬場、事務所及び工場の第一期計画工事の進捗は遅れ、大石式乾溜炉二基中の一基に火入れを行ったのは一九三八年一二月七日であった。同日の稼働では鉄管内の錆止油《さびどめ》の払拭が不充分であったため、管内全面に水銀の小粒が付着して落ちず、冷却筒から流れ出た水銀の量は予想を下回ったが、一応、水銀の生産に成功した（佐伯一九三八・三・一一）。

図13は、佐伯町向島に建設が予定された大富鉱業（株）の建物配置図である。現在の佐伯市立図書館付近に、図13のような建物群が建設されたと考えられる。写真の建物はその形状から、大富鉱業（株）の事務所・選鉱場であろう。一方、鶴望鉱山を経営していた別府市の武田春雄は、同山を採鉱した程度で、特筆すべき設備を設けず、業績などに関する記録は残されていなかった（『水銀鉱山始末』）。

大分水銀鉱山の職員と鉱夫

一九四一年一一月頃、大富鉱業（株）が保有する大分水銀鉱山の鉱区は、採掘鉱区一か所、試掘鉱区七か所、合計八か所の鉱区、面積にして計五九七万九〇〇〇坪であった。同社はこの大分水銀鉱山に対して鉱業権と、鉱区に附属する土地・建物の所有権や借地権を持っていた。鉱業権には試掘権と採掘権がある。試掘権とは採鉱を行う権利のことで二年間の期限が設定され、採掘権は鉱物を採掘して取得できる権利のことである。

一九四一年一〇月頃、大富鉱業（株）大分水銀鉱業所には一一人の職員が勤務していた。所長は佐伯町出身で大富鉱業（株）取締役の大石隆章であった。他に技師二人、主事（経理課長兼庶務課長）一人、技手二人、職名には「雇」や「傭」と記載された者が五人で火薬係・庶務係・分析手・選鉱助手などを務めていた。技師の一人は秋田鉱業専門学校鉱選科（現秋田大学理工学部）を修了し、専門的な知識を持ち副所長と採鉱課長を兼任していた。実質的に現地の責任者であったと考えられる。「雇」と記載された者は三井鉱山技術養成所を修業している。政府は一九三八年四月に国策の一つとして、鉱山技術者の短期養成を目的に、全国に四か所、新居浜（別子鉱山）・三池（三井鉱山）・生野（三菱鉱業）・日立（日本鉱業）などに鉱山技術員養成所を開設した。入学資格は中学校四年修了程度の一九歳から二五歳までの者、もしくは高等小学校を卒業し三年以上の実務経験を持つ者で修業年限は一年であった（『住友別子銅山史（下巻）』）。後に大富鉱業（株）の経営を引き継ぐ帝国鉱業開発（株）佐伯鉱業所でも、三井鉱山技術養成所の修業者が多数みられる。

　大富鉱業（株）の大分水銀鉱山に関係した鉱夫は計八七人であった。その内訳は、職頭一人、採鉱夫三二人、支柱夫一人、雑夫一四人、大工一人、選鉱夫三人、選鉱婦一五人、運鉱婦一人、機械選鉱夫職頭三人、機械選鉱夫八《ママ》人、工作夫三人、製錬夫二人、自動車運搬夫三人であった。その八〇％が鉱山付近の農民で、鉱山周辺地域から労働力を充足させていた。職頭は現場を統括する役職であろう。採鉱夫が三二人と最も多く、選鉱婦・雑夫・機械選鉱夫頭・機械選鉱夫・選鉱夫など選鉱に関係する者も多い。選鉱に関わる者二六人には選鉱婦一五人・運鉱婦一人、合計一六人の女性が含まれていた。また、大富鉱業（株）は生産性を高めるため機械選鉱を試みていたことが分かる。

　次に、鉱夫等の労働状況について述べることにする。大富鉱業（株）の職員の給与は月給であったが、鉱山の現場で働く鉱夫は日給で給与が支払われていた。同じ作業内容でも、学歴・年齢などにより給与額に多少の格差があり、支柱夫（坑道の壁と天井を支えるために材木で柱などを建てる鉱員）

は三円、採鉱夫・選鉱夫・大工・工作夫は二〜三円、機械選鉱夫は一〜二円、雑夫は一〜二円、選鉱婦は一〜二円で、坑内で危険な作業を行う支柱夫・探鉱夫・採鉱夫の給与が比較的高かった。ただし、自動車運搬夫は、鉱山から選鉱場まで鉱石を確実に運搬する重要な役割を担っていたためであろうか、給与は月額九〇円が支給されていた。賞与も職員・鉱夫などに六月・一二月の年二回、俸給の一ヶ月分が支給され、月収一五〇円以下の職員・職頭に限り家族手当も支給されていた。

鉱夫に対しては、精勤手当、休日出勤歩合増、早出・残業歩合増、深夜作業手当、軍事参会手当などが支給されていた。精勤手当とは、月二五日以上の出勤者に対して、定額給二日分を加算するものであった。前述の通り、鉱夫の多くが農民であったため、農繁期に労働力を確保するために採られた措置だと考えられる。

職員の就業時間は、規定によると午前九時〜午後五時までの八時間であった。しかし、鉱夫などの労働者は職別により就業時間が異なっていた。採鉱場の坑内で作業をする採鉱夫・支柱夫・運鉱夫・工作夫・雑夫は二交代制をとり、一番方は午前七時〜午後五時、二番方は午後五時〜午前三時（休息時間三〇分を含む）の一〇時間であった。坑外で作業をする選鉱夫・工作夫・雑夫（婦）は一番制をとり、午前七時〜午後五時（休息一時間を含む）まで、製錬所で作業をする運搬夫・工作夫・雑夫（婦）も一番制をとり、午前七時〜午後五時（休息時間一時間を含む）までの一〇時間であった。機械選鉱夫・製錬夫の作業は三交代制で、一番方は午前八時〜午後四時、二番方は午後四時〜午前〇時、三番方は午前〇時〜午前八時で就業時間は八時間であった。二四時間体制をとっており、機械選鉱夫の各番方は四名からなり、その内一名は機械選鉱夫職頭であった。

休日も定められており、紀元節（神武天皇即位日）、天長節（天皇誕生日）、明治節（一一月三日、明治天皇誕生日）、一二月三一日、正月三が日、八月一四～一六日のほか、毎月の休電日である一〇日・二六日の両日を定休日とした。

大富鉱業（株）の経営状況

大富鉱業（株）の大分水銀鉱山の稼行業績は、必ずしも順調といえるものではなかった。帝国鉱業開発（株）は、大富鉱業（株）大分水銀鉱業所の経営を引き継ぐにあたり、同社の関係職員などから経営状況に関する聞き取りなどを行ったものと考えられ、職員及び鉱夫に関する「概評」を残していた。それによると、大富鉱業（株）大分水銀鉱業所は操業して実質一年余りで、稼行の熟練の度合いは低く、その上、社内における職員間の人間関係も決してよいものではないとしている。職員・主任・役付鉱夫の職務能力にも問題があり、経理上においても会社の物品を私的に流用する者がみられるなど、業務上のモラルにも問題があったようである。また、鉱夫などの八〇％が鉱山周辺の農民であるため、春秋の農繁期には多数の欠勤者を覚悟する必要があるなど、労働力の確保に関する問題も指摘されている。

また、『佐伯鉱山始末』によれば、大富鉱業（株）は佐伯市向島に処理能力二〇ｔの選鉱場及び製錬場を建設し、採鉱の機械化を行って水銀増産の計画を立て一九四〇年二月頃に製錬場が完成したが、結果として採鉱の機械化は実現しなかったという。

帝国鉱業開発（株）の設立

一九三八年三月には重要鉱物増産法が制定され、同法により「金鉱、銀鉱、銅鉱、鉛鉱、錫鉱、アンチモニー鉱、水銀鉱、亜鉛鉱、鉄鉱、硫化鉄鉱、格魯謨《クロム》鉱、満俺《マンガン》鉱、重石鉱、水鉛鉱、ニッケル鉱、コバルト鉱、石炭、亜炭、硫黄、砂金、砂鉄、砂錫その他勅令をもって指定する鉱物」が重要鉱物に指定された。それに応ずるかのように、一九三九年に設立されたのが半官半民の国策会社、帝国鉱業開発（株）である。資本金三〇〇〇万円で、その内訳は、政府引き受け株式一五〇〇万円、一般募集株式一五〇〇万円であった。

帝国鉱業開発（株）の業務内容は、重要鉱物を対象とした鉱業または製錬業の経営、地質・鉱床の調査のほか、重要鉱物の売買とその斡旋、鉱業・製錬業に必要な器具・機械・材料・設備の売買、鉱業・製錬業に対する資金の融資・投資などの助成事業であった。帝国鉱業開発（株）の設立目的は、官民が協力して日本国内の休眠鉱区の再開発や低品位鉱石の利用を図るとともに、試錐探鉱（試錐機を用いて行う探鉱）や増産資金の融資などにより重要鉱物の増産を図ることにあった。そして、それを実現するため、政府は帝国鉱業開発（株）に対して実施する優遇措置などを五点あげている。①重要鉱産物の増産は国家的急務であるから、半官半民の国策会社とする、②資本金の五倍にあたる一億五千万円まで社債の発行が可能で、社債の元利は政府が保証する、③利益配当は民間出資を優先し、同社が利益を得られず、民間出資に対する利益配当が一定の割合に達しない場合には、政府がその不足額を補填《ほてん》する、④政府が同社に重要鉱産物増産に関する命令をすることから、その過程で生じた損失は政府が補填する、⑤一定期間、所得税や営業収益税などの課税を免除する、などである（『帝国鉱業開発株式会社社史』）。

すなわち、時局下の緊急事態であるから政府が主導して、稼行における採算を無視してでも、日本国内の重要鉱産物の増産を図るというものである。

帝国鉱業開発（株）は、一九四一年一一月に鶴望鉱山を第一佐伯水銀鉱山、大分水銀鉱山を第二佐伯水銀鉱山と改名し、さらに一九四三年四月には両鉱山を統合し佐伯水銀鉱山と改名した（『佐伯鉱山始末』）。佐伯水銀鉱山は太平洋戦争の下での資源不足を補うために、不採算を覚悟して帝国鉱業開発（株）が採掘を手がけた最初の水銀鉱山であった。

大分水銀鉱山の譲渡

一九四一年一〇月二四日に、大富鉱業（株）と帝国鉱業開発（株）との間で、大分水銀鉱山並びに附属施設等の譲渡に関する契約が完了し、同年一一月一日に帝国鉱業開発（株）が経営を引き継ぐこととなった。一方、鶴望鉱山も一九四一年七月に帝国鉱業開発（株）がこれを買収して、同年一一月に佐伯鉱業所の所管に移した。

帝国鉱業開発（株）が両鉱山の経営に乗り出した背景には、政府による重要鉱産物増産の政策を受けて、「その一対策として差当たり錫《すず》鉱、水銀鉱、ニッケル鉱、重石鉱等、従来外国からの輸入に依存してきた特殊不足鉱物を目的とする鉱山であって、鉱石の低品位であること、その他の理由により採算困難なため現在の鉱業権者では経営を維持し難いもののうち七鉱山を選び、これらを当社（帝国鉱業開発（株））において受託経営」する方針により、大分水銀鉱山がその一つに選ばれ

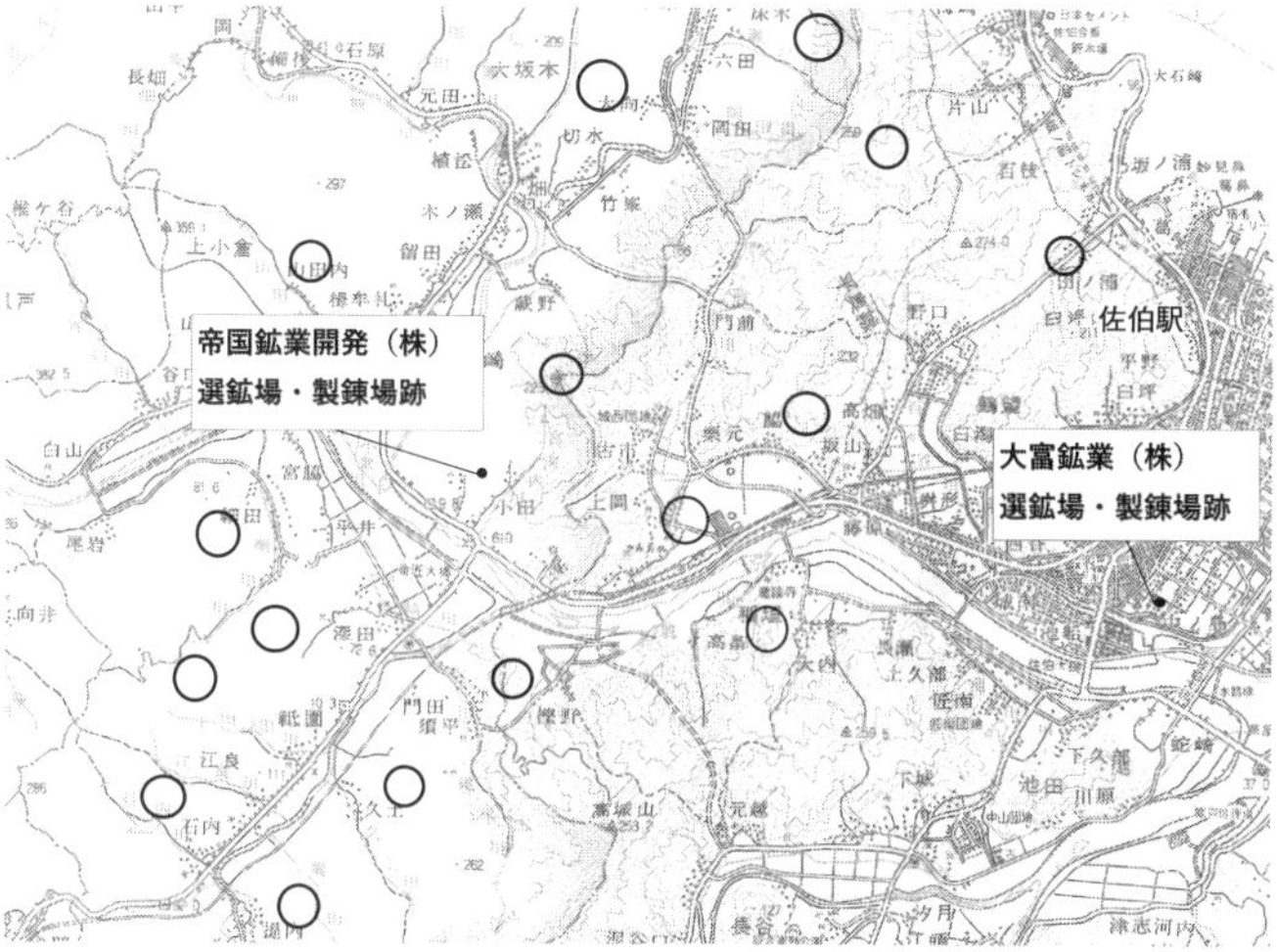

図14　佐伯水銀鉱山の鉱区分布
○は採掘・試掘の各鉱区の中央部分　『佐伯市管内図』より（一部加筆）

たことにある（『帝国鉱業開発株式会社社史』）。帝国鉱業開発（株）による大分水銀鉱山の委託経営は、特殊不足鉱物増産のために国策として行われたものである。鶴望鉱山に関しては、大分水銀鉱山に隣接していたこともあり、大分水銀鉱山と同様に国策の一環として買収されたものであろう。

「大分水銀鉱山引継書」により、大富鉱業（株）から帝国鉱業開発（株）への引継物件の内容を確認することができる。その内容は①鉱区、②土地、③建物、④工具・什器《じゅうき》・備品、⑤貯蔵品（水銀一一kgなど）、⑥機械及び設備などであった。帝国鉱業開発（株）が大富鉱業（株）から買い取った備品等の査定価格の総額は四万二四七四円余であった。

帝国鉱業開発（株）は大富鉱業（株）が所有していた土地建物や機械・設備・備品などを利用して、大分水銀鉱山を委託経営したことになる。日中戦争が勃発した後の統制経済の下で、帝国鉱業開発（株）は大富鉱業（株）の施設・機器を買取り、それらを転用しつつ水銀生産を行わざるを得なかったというのが実情であった。

帝国鉱業開発（株）佐伯鉱業所の職員・鉱夫・社宅

「帝国鉱業開発株式会社佐伯鉱業所職員録」によると、役職には、嘱託・主事・書記・書記補・技手・技手補などがみられる。一九四一年一一月に佐伯鉱業所が発足した際の所長は黒梅金次郎が務め、後に倉持貞一郎、一九四四年七月七日現在の所長は岸田乙次郎であった。黒梅金次郎の前職は不明であるが、倉持貞一郎は大阪高等工業学校（現大阪大学工学部）を卒業、前職は錫山《すずやま》鉱業所（鹿児島県）所長を務めていた。岸田乙次郎は東洋鉱山（株）木浦鉱業所所長代理を務めた経歴を持つ。

職員名簿に記載された者は全員で五七人、そのうち入営応召者一二人、休職者二八人、退職者三人、免職者二人、転勤者六人。休職者の数が二八人と多く、休職期日がすべて一九四五年一〇月三一日である。これは佐伯水銀鉱山の閉鎖の期日が同年一一月一日に決定されていたためである。入営応召者や免職・転勤者を考慮すると、佐伯鉱業所には通常四〇～五〇人程度の職員がいたことになる。入営応召者一二人は職員全体の約四分の一に当たり、そのうち八人が技手であったことから、佐伯水銀鉱山の稼行に与えた影響は大きかったであろう。

なかに管理職と思われる者が六人おり、帝国鉱業開発（株）入社以前の職歴は、東洋鉱山（株）木浦鉱業所（佐伯市宇目）三人、平沢津鉱業所（熊本県）一人、大富鉱業（株）一人、東京市役所一人と、五人が鉱山関係の事業所に勤務していた。この六人は、終戦後も残留職員として佐伯鉱業所に勤務し、同鉱業所の財産処分にも関与した。

職員のうち技師一七人、技手補一四人と、技術職である両職員が合計三一人で、全職員の半数以上を占める。前職は大分県内では東洋鉱山（株）木浦鉱業所・大富鉱業・鶴望水銀鉱山、県外では錫山鉱山（鹿児島県）や日本産金振興（株）に勤務していた者が多く、なかには京城工作所・朝鮮完豊鉱山に勤務していた者もいた。また、事務職員と考えられる書記・書記補はそれぞれ六人、合計一二人と多く、前職は鉱山関係の事業所に勤務していた者が多い。諸鉱山の統廃合が行われていたことを物語る。

残念ながら、帝国鉱業開発（株）佐伯鉱業所に勤務していた鉱夫に関する名簿等は残されていない。ただし、一九四四年七月二一日に、工場事業場管理令第三条により帝国鉱業開発（株）佐伯鉱業所が管理工場に指定され、同鉱業所の全従業員三二九人が徴用対象とされた。職員が全従業員三二九人の中に含まれていたとすれば、一九四四年七月頃には、佐伯鉱業所における鉱夫等は二七〇〜二八〇人程度であったと考えられる。全従業員三二九人を居住地域別にみると、佐伯市（一九四一年市制施行）二一五人、切畑村五三人、上野村四五人、明治村三人、下堅田村一〇人、木立村三人であった。佐伯市在住者が最も多く、佐伯市・切畑村・上野村の一市二村に居住する従業員が全従業員の九五％を占めていた。帝国鉱業開発（株）佐伯鉱業所の職員・鉱夫等の人数は大富鉱業（株）の約三倍に当たるが、佐伯市を中心とする地域で労働力を充足させていたことが分かる。

帝国鉱業開発（株）佐伯鉱業所は、労働力を確保するために、職員・労働者の社宅・合宿所の整備に着手した。『佐伯鉱山始末』によれば、帝国鉱業開発（株）佐伯鉱業所の従業員は、大富鉱業（株）と同様に多くが農民であったことから、農繁期などには欠勤する者が多く操業上の問題となっていた。そこで、帝国鉱業開発（株）佐伯鉱業所は専業者を雇用して労働力を確保するために、佐伯市稲垣に社宅三〇棟・一一六戸、佐伯市鶴望に社宅二棟・八戸、合宿所一棟、切畑村深田に社宅一棟・四戸、上野村小田《こだ》に合宿所一棟を建設した。職員の社宅も佐伯市上岡に二棟・四戸、鶴望に一棟・二戸、稲垣に四棟・七戸、上野村小田に合宿所一棟を建設した。

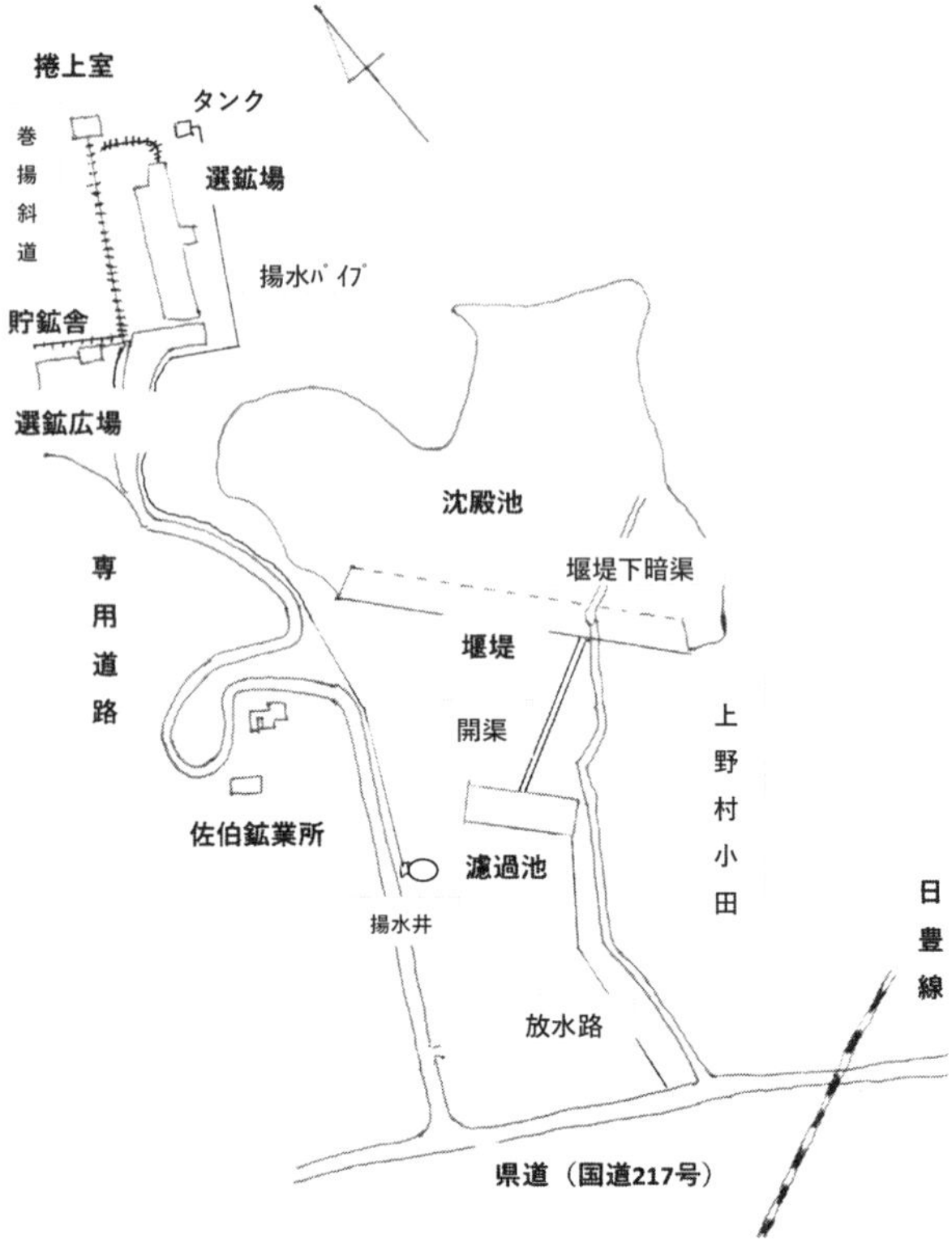

1943年6月21日佐伯選鉱場計画平面図（上野村）
「佐伯選鉱場設置奨励金交附申請書図面」
（トレースして加筆）佐伯市平和記念館やわらぎ所蔵

戦時下の佐伯水銀鉱山

佐伯水銀鉱山のなかで、比較的遅い時期に開発されたのが百枝《ももえだ》地区（海崎）である。百枝地区における水銀鉱山の開発の始まりは一九四二年頃とされ、軍が地域住民の反対を押し切って、有償により半強制的に土地を提供させ、集落内の道路を四mのトラック道に拡幅したという。

新選鉱場竣工（一九四四年五月）直前の一九四四年

四月二三日、帝国鉱業開発（株）佐伯鉱業所は佐伯合同トラック株式会社と、鉱石採掘場と選鉱場間の鉱石運搬に関する「鉱石運搬契約」を結んだ。その契約内容は、鉱石の採掘場である百枝・坂の浦・鶴望・切畑・江良から、向島の旧選鉱場と上野村小田の新選鉱場（現ＳＢカワスミ佐伯工場の敷地周辺）への鉱石の運搬に関するものであった。佐伯鉱業所が鉱石の積込み・積降ろし、運搬道路の改修を行うことや、旧選鉱場（佐伯市向島）と百枝・坂の浦・鶴望・切畑・江良間の一ｔ当りの運搬費を二・八円〜三・六円、新選鉱場と同内容の運搬費を二円〜三・六円とすることなどが決められた。佐伯鉱業所においては鉱石運搬が大きな課題であった。同鉱業所は佐伯合同トラックと鉱石運搬の契約を結んだが、戦時の経済統制のもとで燃料不足のため円滑に運搬作業を行うことができなかった。

帝国鉱業開発（株）佐伯鉱業所は大富鉱業（株）から大分水銀鉱山を譲渡された時には、水銀生産の効率を高めるために、すでに新たな選鉱場と製錬場の建設計画を立てていた。しかし、一九四三年七月、九月の二度にわたる台風被害や、戦時統制下における資材調達の制限などから工事は遅れ、一九四四年五月に新選鉱場が竣工した。ただその時、新製錬炉の建設工事には着手しておらず、一九四四年七月着工、同年八月二〇日竣工の予定であった。その間水銀鉱石は向島の製錬場で処理されていた。

効率的な選鉱場と製錬場の竣工の遅れは、帝国鉱業開発（株）佐伯鉱業所にとって致命的であった。佐伯水銀鉱山の水銀生産量は一九三九年六八kg、一九四一年一二六三kg、一九四二年二九四〇kg、一九四三年三〇四五kg、一九四四年三〇九〇kg、一九四五年二三三kgと、一九四一年一〇月に

切畑地区江良の廃坑

帝国鉱業開発（株）による稼行が始まり水銀生産量は増加しているが、一九四二～四四年の三年間は年間約三〇〇〇kgと大きな変化はみられず水銀生産量は停滞していた。

鉱業権の譲渡

一九四四年七月二一日に佐伯鉱業所は軍需工場動員法（一九一八年制定）に基づいて制定された工場事業場管理令（勅令）第三条により、軍需大臣から管理工場に指定された。帝国鉱業開発（株）佐伯鉱業所の全事業場が管理の対象となった。そして、事務所をはじめ採鉱・選鉱・製錬・工作・分析などの作業所に勤務している全従業員三二九人は、国民徴用令により現職のまま徴用され、半強制的に水銀生産に従事させられることになった。終戦直前においても佐伯鉱業所は総動員体制のもとで、水銀増産に向けての施設整備や生産活動を行っていた。

しかし、一九四五年四月五日に政府は、「鉱山及製錬所決戦非常措置要項」を発した。軍需につながる重要鉱業部門においても整理を行い、最重点鉱山及び製錬所に稼行を集中させるものである。同年四月一一日に政府は帝国鉱業開発（株）に対して、同要項に基づいて休止する鉱山等に対する補償や設備資材の転用等の業務執行を命じ、佐伯鉱業所も休止命令を受け、同日稼行を停止することになった。しかし、佐伯水銀鉱山の稼行停止直後の四月一二日、一三日に、佐伯防備隊副長であった海軍中佐小灘利夫《こなだとしお》が佐伯水銀鉱山の視察を行っており、「極めて優秀なる坑道を捜当つ」、「案内にて鉱山六ヶ所を視察す。内半数は極めて有望なり」との記録が残されている（『連用日誌』）。帝国鉱業開発（株）佐伯鉱業所が軍の管理下に置かれているとともに、稼行停止措置は本来一時的な措置であったことが分かる。

終戦直後、一九四五年八月一七日、政府は「緊急措置に関する件」により、戦時の要請に基づいて生産を強行していた非能率鉱山を停止するように、各局を通じて管轄下の鉱山に口頭伝達した。帝国鉱業開発（株）佐伯鉱業所は、一九四五年一一月一日付で非常措置要項適用鉱山に正式に指定され閉山した。一九四六年五月二五日に、帝国鉱業開発（株）と傘下企業は、ＧＨＱより制限会社の指定を受けた。制限会社とは、資本金五〇〇万円以上の会社および大蔵大臣が指定した会社のことで、財閥解体の一環として事業譲渡・財産売却などの権利の移転が制限された企業のことである。

一九五〇年三月に帝国鉱業開発（株）佐伯鉱業所は、兵頭五郎・山口一夫に選鉱場などを払い下げる交渉を進めた。同年五月三一日に佐伯鉱業所の整理が完了し、六月四日に大分県失業保険徴収課などに対して事業所廃止届を提出した。「福岡鉱山保安監督局資料」（『佐伯鉱山』）によると、佐伯水銀鉱山の鉱業権は一九五〇年に兵頭五郎、一九五四年に宇部曹達工業（株）、一九五七年に池田弘に譲渡されたが、水銀鉱山の稼行は行われなかった。現在は、佐伯市坂の浦から弥生地区にかけての山中に、多くの廃坑が残るのみである。

戦争責任について思うこと――あとがきにかえて

本書を書き終えて、ふと思うのが、戦争責任の問題である。これは佐伯町だけの問題に止まらず、日本全体に関わる問題である。例えば、佐伯町は町を挙げて佐伯海軍航空隊を誘致し、その航空隊の航空機が日中戦争において南京・漢口・重慶へ無差別爆撃を行い、佐伯防備隊は大東亜共栄圏建設のために東南アジアへ向かう艦船を護衛した。佐伯海軍航空隊、佐伯防備隊はともに十五年戦争の一端に加担した。挙げ句の果てに、日本は連合国軍から激しい空襲を受け、広島と長崎には原爆が投下され、太平洋戦争で敗北した。なかには、英米を中心とする連合国軍にも戦争責任があると主張する人も当然いるだろう。しかし、日本軍が中国を侵略して、日本の各地域と同様に佐伯町が日中戦争や太平洋戦争に関わり続けたのは事実である。戦争を支持した地域に戦争責任があるのか、ないのか疑問が残る。この侵略戦争に、私たちはどのように向き合い、もし、戦争を支持した人々に戦争責任があるとすればどのような方法で戦争責任を果たすべきなのだろうか。これは、日本国民全体の問題であり、一九四五年の終戦以来、日本が正面から向き合うことを避けてきた問題だと思う。

一九八〇年代、日本国内の教科書用図書検定において、昭和初期に日本が華北に「侵略」したことを、文部省が「進出」に訂正させたという新聞報道がきっかけとなり、日本と中国・韓国との間で国際問題に発展した（新聞報道は誤報であったと言われている）。すると、日本国内でも歴史認識に関する論争が起こり、次第に日本の政界において、具体的な時期を示すことなく、近代において日本が関係した戦争に侵略性を認めようとする動きが見え始めた。そして、一九九三年八月に細川護熙《もりひろ》首相は、日本が過去において行った戦争が侵略戦争であったことを認めた。一九九五年八月一五日に村山富市《とみいち》首相は、日本が植民地支配と侵略により、多くの国々、特にアジア諸国に多大な損害と苦痛を与えたと述べた。これは「村山談話」と呼ばれている。

ところが、当時、日本国内では、近代において日本が関係した戦争に対する歴史認識は人によって様々であった。政治家の発言を拾ってみると、一九九四年五月四日永野茂門《しげと》法務大臣が毎日新聞のインタビューに対し、「日本で言う大東亜戦争というものが、侵略を目的にやったのか。日本がつぶされそうだったから生きるために立ち上がったのであり、かつ植民地を解放する、大東亜共栄圏を確立することを、まじめに考えた。そこまで持ってきた諸外国が問題だった」と述べている（毎日一九九四・五・五）。同年八月九日に島村宜伸《よしのぶ》文部大臣は、日中戦争と太平洋戦争に関して「侵略戦争じゃないかというのは、考え方の問題ですから、侵略のやり合いが戦争じゃないですか」と述べた（朝日　一九九四・八・一〇）。一九九五年一一月九日に江藤隆美《たかみ》総務庁長官は「植民地時代には、日本が韓国によいこともした。日韓併合は強制的だったとする村山富市首相の発言は間違っている」と述べている。永野茂門、江藤隆美は発言の責任を取り閣僚を辞し、島村宜伸は発言を撤回した。当時、日本が東アジアや東南アジアを侵略したことを否定する認識は認められなくなっていたことは確かなようである。以後の内閣は基本的に「村山談話」の歴史認識を継承しているが、現在でも日本国内では戦争に関する様々な歴史認識が混在しており、歴史認識のコンセンサスがあるとは言えないだろう。

それはなぜか。背景の一つに、戦後八〇年が経過しようとしているにもかかわらず、様々な理由により戦争責任について議論しなかった、議論を避けてきた歴史があるからだ、と私は考えている。犯人捜しをするような意味で述べているわけではない。歴史認識を深めることが重要であると考えているのである。

まず、連合国が戦後の日本統治を円滑に行おうとする思惑によって、天皇や政府要人などの政治責任が曖昧にされた。天皇は国家元首、国家の最高責任者であり、陸海軍に対する統帥権（軍の作戦行動の指揮・決定権）を持っていたため、国内外からその責任を問う意見が多かった。しかし、天皇は東京裁判において、米国側の意向により訴追対象から除外された。その後、天皇の戦争責任を議論することはタブー視されていた。東京裁判ではA級戦犯（平和に対する罪）のみが訴追の対象となった。結果として東京裁判においては軍人を中心とする二八人の容疑者が起訴され、審理の結果、東条英機をはじめとする二五人が有罪判決を受けた（残る三人のうち大川周明は精神障害のため免訴、永野修身・松岡洋右は判決が下るまでに死亡）。第二回の裁判も予定されていたが、冷戦などの影響により、東京裁判は一回で打ち切られ、起訴を免れた政治家の責任が曖昧にされた。また、占領下の日本統治はGHQと日本国民との間に日本政府が介在する間接統治が取られたために、政府による日本国内の組織や人物に対する徹底的な責任追及が行われなかった。

近年になってようやく、日本軍が中国でひき起こした南京事件や航空機による無差別爆撃、化学兵器の使用、東南アジアでの過酷な強制労働や動員などの事実が明らかにされるようになった。しかし、国や個人の立場の違いから、また、資料の捉え方の違いにより、同一の事実に対して人々が異なる歴史認識を持ち、意見が対立したままで、合意点を見出せない問題も多い。

連合国軍による占領下、結果的に日本による侵略戦争を支えた多くの日本国民は戦後復興のなかで、毎日の生活を生きぬくことに懸命で、正面から日本の戦争責任について関心を持って議論することは少なかった。一九五〇年代には特需景気、高度経済成長が始まり、好景気のなかで、次第に国民の戦争責任に対する関心は薄れていった。

近年、学校教育の場で、日本がアジア諸国に侵略戦争を行ったことを学習しても、戦争責任を正面から考察する機会は与えられていない。残念でならない。

もし私が、日本の侵略戦争により被害を被ったアジア諸国の人々から、「あなた方日本人には戦争責任はないのか」と問われた場合、私は「責任はあります」と答えるだろう。日本がアジア諸国に対して侵略戦争を行ったことは、消し去ることができない事実であるからだ。

ドイツにおいては、侵略戦争を起こした当事者が処罰されることは当然のことだが、侵略戦争を見過ごした人々も、戦争を防ごうとしなかった責任を追求される。私はドイツの戦争責任への対応に賛同する。侵略戦争に反対せずに従う、見て見ぬ振りをすることは、消極的に同意を与えることになると思うからだ。消極的に同意をした人々にも戦争責任があると認識することにより、一定の方向性を持つ歴史認識を形成することが可能になると考える。

ただし、その考え方に立つと、戦争を支持し、兵士を戦場に送り出した地域の人々も戦争責任を問われることになる。また、侵略戦争を起こしたという国の責任は歴史から消えることがないのであって、日本が起こした侵略戦争は、現在及び将来の日本国、日本人がその責任を負うことになる。学校教育の場で十五年戦争を学び、日本がアジア諸国の人々に多大な被害を与えたということを知りながら、一方で、自らが直接関わった事件ではないので、反省する必要はなく、責任もないという考え方は国際社会において通用しないと思う。侵略戦争を自らのことと考え、反省をもって戦争責任を感じつつ行動することが重要なことではないだろうか。

現在、世界各地では紛争が絶えない。昭和元年から一世紀、終戦から八〇年を迎えるにあたり、日本の侵略戦争に対する戦争責任を正面から議論する必要があるのではないだろうか。議論することで戦争に対する歴史認識を深め、十五年戦争に対する歴史認識のコンセンサスを見出すことができるのではないかと考える。

最後に、本書を記述するに当たり、佐伯市史編さん事務局、佐伯市歴史資料館、佐伯市平和祈念館やわらぎ、佐伯市教育委員会、大分県立図書館、大分県公文書館、その他多くの方々から多大な資料提供をしていただきました。深く感謝申し上げます。

二〇二五年一月

軸丸　浩

主要史料

『佐伯新聞』佐伯市平和祈念館やわらぎ蔵
『大分新聞』大分県立図書館蔵
「矢野龍渓書簡」佐伯市平和祈念館やわらぎ蔵
佐伯藩政史料O12-5（「明治二十九年ヨリ三十年十二月迠日記　警露館」）佐伯市歴史資料館蔵
『大分県統計書』大分県立図書館蔵
『大分県報』大分県公文書館蔵
「豊予要塞築城史」『現代本邦築城史』第二部第十六巻　国立国会図書館デジタルコレクション（https://dl.ndl.go.jp/ja/pid/11223525）
「庶務一件」（昭和9年　宇目町重岡）大分県公文書館蔵
鶴谷佐藤蔵太郎旧蔵資料（稿本類）41（「新佐伯案内」）佐伯市歴史資料館蔵
鶴谷佐藤蔵太郎旧蔵資料（稿本類）103（「佐伯港発達史」）佐伯市歴史資料館蔵
「海軍糧食品供給契約書」佐伯市平和祈念館やわらぎ蔵
「昭和十一年度起町村合併一件　佐伯町役場」佐伯市役所蔵
「昭和十六年　合併一件　佐伯市役所」佐伯市役所蔵
「未墾地・国有林・旧軍用地　対価確定表」大分県公文書館蔵
「出納家文書（水銀鉱山に関する資料）」佐伯市平和祈念館やわらぎ蔵
小灘利夫「連用日誌」佐伯市平和祈念館やわらぎ蔵

本書全体にかかわる参考文献

大分県総務部総務課『大分県史　近代篇Ⅰ』一九八四
大分県総務部総務課『大分県史　近代篇Ⅱ』一九八六
大分県総務部総務課『大分県史　近代篇Ⅲ』一九八七
大分県総務部総務課『大分県史　近代篇Ⅳ』一九八八
佐伯市史編さん委員会『佐伯市史』一九七四
河西英通『せめぎあう地域と軍隊』岩波書店　二〇一〇
荒川章二『軍隊と地域』青木書店　二〇〇一
上山和雄編『帝都と軍隊』日本経済評論社　二〇〇二
本康宏史『帝都の慰霊空間』吉川弘文館　二〇〇二
熊本近代史研究会編『第六師団と軍都熊本』二〇一一
山本和重編『地域のなかの軍隊1』吉川弘文館　二〇一五
荒川章二編『地域のなかの軍隊2』吉川弘文館　二〇一五
河西英通編『地域のなかの軍隊3』吉川弘文館　二〇一四
原田敬一編『地域のなかの軍隊4』吉川弘文館　二〇一五
坂根嘉弘編『地域のなかの軍隊5』吉川弘文館　二〇一四
林　博史編『地域のなかの軍隊6』吉川弘文館　二〇一五
坂本悠一編『地域のなかの軍隊7』吉川弘文館　二〇一五
荒川章二他編『地域のなかの軍隊8』吉川弘文館　二〇一五
林　博史他編『地域のなかの軍隊9』吉川弘文館　二〇一五
坂根嘉弘編『増補版　軍港都市史研究Ⅰ』（舞鶴編）清文堂出版　二〇一八

河西英通編『軍港都市史研究Ⅲ』（呉編）清文堂出版　二〇一四
上山和雄編『軍港都市史研究Ⅳ』（横須賀編）清文堂出版　二〇一七
北澤　満編『軍港都市史研究Ⅴ』（佐世保編）清文堂出版　二〇一八
坂根嘉弘編『軍港都市史研究Ⅵ』（要港部編）清文堂出版　二〇一六
清水亮『「軍都」を生きる』岩波書店　二〇二三

アジア歴史資料センター（JACAR）公開資料（引用順）

JACAR㉓を除き、⑴～㉜はすべて防衛省防衛研究所蔵
JACAR⑴「第1号　1．4　山県陸軍卿謹奏　長崎鹿児島下関、豊予紀淡海峡、石巻函館観音崎富津岬等砲台砲墩築造の件」、C08052365300
JACAR⑵「24年3月22日　明治24年3月衆合射撃成績表の件（扶桑艦）」、C10124899100
JACAR⑶「官用地編入及返地并管理替譲与（3）」、C06091181500
JACAR⑷「第1第2艦隊報告其他　1（1）」、C06091882800
JACAR⑸「土地買入の件」、C01006054200
JACAR⑹「軍艦日向対帆船寿宝丸衝突事件」、C08021573200
JACAR⑺「第8類　教育　演習　検閲／第3款　演習」、C12070611000
JACAR⑻「佐世保（1）」、C08051089500
JACAR⑼「佐世保航空隊設備訓令工事2（6）」、C08050611400
JACAR⑽「佐世保航空隊設備訓令工事2（7）」、C08050611500
JACAR⑾「土地買入の件　佐伯海軍航空隊（1）」、C05023172000
JACAR⑿「佐伯港改修に関する件」、C05023778700
JACAR⒀「7．12．2指名契約、契約締結の件（3）」、C05022375300
JACAR⒁「7．12．2指名契約、契約締結の件（4）」、C05022375400
JACAR⒂「10．12新入隊者参考書　佐伯海軍航空隊（1）」、C05035334100
JACAR⒃「第1．作戦及一般の部」、C13120442500
JACAR⒄「中島飛行機株式会社」、C01004722500
JACAR⒅「横鎮機密第80号の3　10．2．13軍艦扶桑佐伯号航空隊軍艦神威90式2号偵察機2型故（2）」、C05034660200
JACAR⒆「11．11．27 95式艦上戦闘機（サヘ－191）航空事故調書」、C05035405300

JACAR⒇「臨建より土地購入に付府県知事へ内訓の件」、C07041334100
JACAR㉑「臨建より大分連隊区司令部敷地買収の件」、C07041370500
JACAR㉒「臨建より大分連隊区司令部庁舎買収の件」、C07041373600
JACAR㉓「聯隊区司令部条例制定大隊区司令部条例廃止」、A03020229600、国立公文書館
JACAR㉔「釧路連隊区司令部状況報告」、C14030385900
JACAR㉕「佐伯海軍航空隊戦闘詳報　自昭和16年12月8日至同年12月31日」、C13120439800
JACAR㉖「昭和17年1月1日〜昭和17年1月31日　佐伯防備隊戦時日誌（1）」、C08030392800
JACAR㉗「昭和18年7月1日〜昭和18年7月31日　佐伯防備隊戦時日誌（1）」、C08030407100
JACAR㉘「昭和18年11月1日〜昭和18年12月31日　佐伯防備隊戦時日誌（1）」、C08030410100
JACAR㉙「佐伯海軍航空隊戦闘詳報（第7号）自昭和17年6月1日至同6月30日／第1　形勢」、C13120445500
JACAR㉚「昭和17年10月1日〜昭和17年10月31日　佐伯防備隊戦時日誌（1）」、C08030400200、昭和17年10月1日〜昭和17年10月31日　佐伯防備隊戦時日誌
JACAR㉛「昭和16年12月1日〜昭和16年12月31日　佐伯防備隊戦時日誌（2）」、C08030395800
JACAR㉜「附録1　軍用資源原料略解（1）」、C13120882200

主要参考文献（引用順）

▽はじめに・第一編

浄法寺朝美『日本築城史』原書房　一九七一
生田惇『日本陸軍史』教育社　一九八〇
松下孝昭『軍隊を誘致せよ』吉川弘文館　二〇一三
北村恒信『戦時用語の基礎知識』光人社NF文庫　二〇〇二
馮青『中国海軍と近代日中関係』錦正社　二〇一一
篠原幸好『連合艦隊観戦ガイド』新紀元社　一九九四
三重野勝人「戦跡『豊予要塞』の実像を探る」『大分縣地方史』一八一号　二〇〇一
毎日コミュニケーションズ『外国新聞に見る日本②』一九九〇
原田敬一『日清・日露戦争』岩波新書　二〇〇七
大分合同新聞社『大分県興亡七五年』一九六〇
海軍大臣官房編『海軍制度沿革十四』原書房　一九七一
安部博之『大分県内の郵便局』一九九一
矢島嗣久「高岸源太郎と料亭『なるみ』について」『別府史談』八号　一九九四
楽水会編『海軍軍楽隊』国書刊行会　一九八四
中嶋晋平『戦前期海軍のPR活動と世論』思文閣出版　二〇二一
小倉徳彦「昭和初期における日本海軍の宣伝機関」『史淵』一五九

木村美幸『日本海軍の志願兵と地域社会』吉川弘文館　二〇二二
篠原直人・古田和輝『帝国海軍航空隊総覧』姿川出版　二〇二二
▽第二編
雨倉孝之『海軍航空の基礎知識』光人社　二〇〇三
永石正孝『海軍航空隊年誌』出版協同社　一九六一
防衛庁防衛研修所戦史室『海軍航空概史』朝雲新聞社　一九七六
山田朗『軍備拡張の近代史』吉川弘文館　一九九七
水沢光『軍用機の誕生』吉川弘文館　二〇一七
福田鉄文『宮崎の戦争遺跡』鉱脈社　二〇一〇
江口圭一『十五年戦争の開幕』小学館　一九八二
江口圭一『二つの大戦』小学館　一九八九
平松鷹史『郷土部隊奮戦史一』大分合同新聞社　一九八三
清原芳治『梅林建設百年史』二〇〇三
社史編集委員会『阪神築港三十年』一九五九
上浦町史編さん委員会『上浦町史』一九九六
日本セメント『百年史』社史編纂委員会　一九八三
日本海軍航空史編纂委員会編『日本海軍航空史（一）用兵編』時事通信社　一九六九
『日本の要塞』学習研究社　二〇〇三
近現代史編纂会編『海軍艦隊勤務』新人物往来社　二〇〇一
森松俊夫『大本営』吉川弘文館　二〇一三
手島泰伸『日本海軍と政治』講談社現代新書　二〇一五
藤井忠俊『在郷軍人会』岩波書店　二〇〇九
大分放送『大分県歴史事典』一九九〇
土田宏成「一九三〇年代における海軍の宣伝と国民的組織整備構想」『国立民俗博物館研究報告』第一二六集　二〇〇六
胡澎『戦時体制下日本の女性団体』こぶし書房　二〇一八
高森直史『日本海軍ロジスティクスの戦い』光人NF文庫　二〇一九
村田瑞穂「近代におけるカフェーの変遷」『史窓』六四号　二〇〇七
秦郁彦『慰安婦と戦場の性』新潮選書　一九九九
早川紀代編『陸軍に於ける花柳病』不二出版　二〇〇二
▽第三編
藤原彰『日中全面戦争』小学館　一九八八
松浪稔「明治期における小学校体操科の内容に関する研究」『日本大学教育学会紀要』（二九）一九九五
大分県教育会『大分縣教育五十年史』一九二四
吉見俊哉「ネーションの儀礼としての運動会」『運動会と日本近代』青弓社　一九九九
長野浩典「防空体制の成立と国民総動員」『大分縣地方史』第二〇六号　二〇〇九
大橋伸次「配属将校制度の成立過程について」『日本大学教育学会紀要（一九）』一九八五
太平洋戦争研究会『アメリカ軍の日本焦土作戦』河出書房新社　二〇〇三

荒井信一『空爆の歴史』岩波新書　二〇〇八
笠原十九司『南京事件』岩波新書　一九九七
江口圭一『十五年戦争小史』青木書店　一九九一
防衛庁防衛研修所戦史室『中国方面海軍作戦〈1〉』朝雲新聞社　一九七四
臼井勝美『新版日中戦争』中公新書　二〇〇〇
防衛庁防衛研修所戦史室『中国方面海軍作戦〈2〉』朝雲新聞社　一九七五
戦争と空爆問題研究会編『重慶爆撃とは何だったのか』高文研　二〇〇九
潘洵『重慶大爆撃の研究』岩波書店　二〇一六
伊香俊哉『満州事変から日中全面戦争へ』吉川弘文館　二〇〇七
笠原十九司『海軍の日中戦争』平凡社　二〇一五
▽第四編
森武麿『アジア・太平洋戦争』集英社　一九九三
防衛庁防衛研修所戦史室編『ハワイ作戦』朝雲新聞社　一九六七
防衛庁防衛研修所戦史室編『本土方面海軍作戦』朝雲新聞社　一九七五
防衛庁防衛研修所戦史室『海上護衛戦』朝雲新聞社　一九七一
ノーマン・ポルマー『アメリカ潜水艦隊』サンケイ出版　一九八二
防衛庁防衛研修所戦史室編『本土方面海軍作戦』朝雲新聞社　一九七〇
柳本見一『激動二十年』毎日新聞西部本社　一九六五
▽第五編
防衛庁海上幕僚監部防衛部『航路啓開史』一九六一
矢野彌生「佐伯市戦後五十年史（六）」『佐伯史談』一八六号二〇〇一
杉野圀明『旧軍用地転用史論』文理閣　二〇一五
▽資料編
矢島澄策「本邦水銀鉱業の展望」『日本鉱業会誌』一九五二
文化庁文化財部記念物課『近代遺跡調査報告書 鉱山』二〇〇二
林寅喜『佐伯鉱山』二〇〇六
出納勉『佐伯鉱山始末』二〇〇四
通商産業省工業技術院地質調査所編『佐伯地域の地質』一九九〇
大分県佐伯市教育委員会編『樫野古墳』一九九八
住友別子鉱山史編集委員会『住友別子鉱山史（下巻）』一九九一
帝国鉱業開発株式会社『帝国鉱業開発株式会社社史』一九七〇

〔著者略歴〕

軸丸 浩（じくまる・ひろし）
一九六〇（昭和三十五）年、大分県津久見市生まれ、間もなく佐伯市に転居し、小学校時代を過ごす。
一九八三（昭和五十八）年、熊本大学教育学部卒業。元大分東明高等学校教諭。
現在　歴史研究家。
〈主要書籍〉
『地域史研究と歴史教育』（熊本出版文化会館、一九九八）（共著）
『佐伯市誌　上・中巻』（二〇二四）（共著）

十五年戦争と軍都・佐伯《さいき》
——ある地方都市の軍国化と戦後復興

二〇二五年三月二五日発行

著　者　軸丸《じくまる》 浩《ひろし》
発行者　小野静男
発行所　株式会社　弦書房
（〒810・0041）
福岡市中央区大名二—二—四三
ELK大名ビル三〇一
電　話　〇九二・七二六・九八八五
FAX　〇九二・七二六・九八八六

組版・製作　合同会社キヅキブックス
印刷・製本　シナノ書籍印刷株式会社

ISBN978-4-86329-304-5 C0021